제주 트레킹 어디까지 해봤니?

이성근 지음

도서출판 **페이지원**

책을 펴내며

제주에서의 트레킹은 내 생애 최고였다.

저는 걷는 것을 참 좋아합니다. 중학교 3학년 때 외가에 갔다가 20km 정도 거리에 떨어져 있는 유명한 해수욕장까지 걸어간 적도 있습니다. '버스 타고 가면 되지 왜 걸어 가냐?'고 물어보시는 외삼촌에게 제가 한 말은 '그냥 재미있을 것 같아서요.'였습니다. 그리고 저는 그때 '걷는 것이 가장 재미있다.'는 것을 깨달았습니다.

트레킹을 제대로 시작한 것은 고등학교 3학년 마지막 겨울방학 때 절친들과 갔던 지리산이었습니다. 그리고 대학교 입학해서 방학 때마다 우리나라의 대표적인 산을 다니기 시작했습니다. 절친이었던 5명이 다 같이 가고자 했지만 친구들이 군대를 가게 되면서 점점 동반자의 수는 줄었습니다. (저는 의과대학을 다녀 군대를 나중에 갔습니다.) 그리고 급기야 혼자 다니기 시작했습니다.

친구들과 함께 간 트레킹 중에 가장 기억에 남는 트레킹은 설악산이었습니다. 대학생이었기에 돈을 아끼기 위해서 텐트를 포함한 짐을 엄청나게 메고 대청봉에 올랐습니다. (1주일간의 강원도 여행이었기에 텐트를 가지고 갔습니다.) 그때는 청춘이었기에 가능한 일이었습니다. 대청봉을 내려와 하조대에서 캠핑을 했었는데 그때서야 친구가 '얼마전 치질수술을 했다.'고 고백했습니다. (아마도 친구는 부끄러워서 치질수술을 했다고 말하지 않은 듯 했습니다. 대장항문외과 의사로 살아가고 있는 지금의 제가 생각해 보면 그때 정말 큰일날 뻔 했습니다.)

그렇게 의과대학 시절 방학 때마다 트레킹을 즐겼지만, 의사가 된 이후에는 병원생활이 너무 바빠서 트레킹을 할 여유가 없었습니다. 그리고 결혼을 했고, 트레킹과는 다소 거리가 있는 삶을 살았습니다. 하지만 저는 의사가 된 후에도 여전히 트레킹을 갈구하고 있었습니다.

셋째가 태어난 뒤, 아내가 '공동 육아를 위해 응급수술이 없는 직장으로 이직을 하자.'고 제안을 했을 때 저는 1순위로 제주도행을 생각했습니다. 그렇게 저희 가족은 제주도로 이주를 하였고, 제주에서 7년을 살면서 트레킹을 마음껏 즐겼습니다.

제주도는 트레킹의 천국이었습니다. 7년 동안 수많은 곳들을 돌아다녔지만 트레킹의 끝은 없었습니다. 지겹지도, 지치지도 않았습니다. 제주에서 30년을 살아도 트레킹을 즐길 수 있을 것 같았습니다. 아쉽게도 저의 제주도에서의 트레킹은 7년으로 마무리되었지만 그 추억은 평생 갈 것입니다. 그리고 지금까지의 인생에서 최고의 트레킹이었다고 자신있게 말할 수 있습니다.

이러한 소중한 저의 추억을 이 책에 담아 여러분에게 소개하고자 합니다.

저의 7년 동안의 제주 트레킹이 가능했던 이유는 순전히 가족들 덕분입니다. 늘 가족과 함께였지만 잠시나마 저만의 시간을 허락해 준 가족들에게 이 자리를 빌려 감사함을 전합니다. 그리고 7년 동안 제주에서의 삶을 가능하게 해 준 한국건강관리협회 제주특별자치도지부 직원 분들에게도 감사드립니다.

책을 펴내며

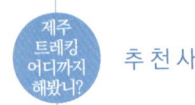 **추천사**

저는 60년 가까이 제주에 사는 토박이입니다.

10년 전 한국건강관리협회 제주특별자치도 지부에서 이성근 원장님을 처음 만나게 되었고 7년을 같은 부서에서 함께 동고동락한 시절과 처음 만났을 때의 인자하신 미소를 지금도 잊을 수가 없습니다.

원장님은 "부메랑처럼 내가 한 일의 결과가 언젠가 다시 나에게 돌아올 수 있기에 정직하고 착하고 성실하게 살아가자."라는 인생관을 갖고 살아가고 계십니다.

저와 함께했던 직장생활 속에서도 이성근 원장님은 외과학회 임원 활동, 제주올레 임원 활동, 내시경검사, 건강증진을 위한 내·외부 강의, 각종 동호회 활동 등 성실을 앞세워 열정적이었고 바쁜 일상의 삶을 살아가면서도 자기 건강관리와 가족의 행복을 위해 제주 도민보다 더 제주도 자연의 구석구석을 즐겨 탐방하셨습니다.

대부분 제주도 출신 사람들은 좋은 환경을 받고 태어나서 행복하다고들 합니다.

하지만 그러지 못한 사람들이 많습니다. 현실에 직면해 바쁘게 살다 보니 아름다운 제주의 자연을 노닐지 못하는 것이죠.

시간에 쫓기고 사람들에게 치이며 지내고 피곤한 일상을 살아가는 사람들에게 이성근 원장님의 자연을 사랑하며 가족과 함께 제주 7년 동안 살면서 다녔던 수많은 트레킹과 힐링의 경험을 바탕으로 발간한 이 책을 적극 추천합니다.

제주 자연의 행복한 장소들은 상상의 여행으로 떠나게 할 것이고 제주의 아름다움과 건강을 느끼면서 마음의 행복을 자아낼 것입니다.

늦게나마 이 책을 통해 자연과 공유하여 건강과 행복의 가치를 알게 해 주신 이성근 원장님께 감사의 말씀을 전합니다. 건강하십시오!

- 한국건강관리협회 제주특별자치도 지부 본부장 정문휴 -

추천사

저는 제주 토박이입니다.

제주에서 태어나고 자라서 제주도에 대해 많이 알고 있을 거라 생각하겠지만 사실 제주 토박이들이 내지인보다 더 제주도를 모르는 경우가 많습니다.

제주에서 생활하다 보면 언제든지 갈 수 있을 거라는 생각으로 제주의 좋은 모습을 놓치는 경우가 많습니다.

그래서 제주 토박이도 아닌 제주에서 7년 생활하신 외과전문의 이성근 원장님이 제주 트레킹에 대한 책을 발간한다고 하니 제주도를 궁금해하는 많은 분들에게 정말 좋은 기회가 될 것이라 생각했습니다.

제주도에서 생활하면서 경험한 이야기, 제주의 숨은 풍경 등 토박이인 저보다 더 많은 경험을 하신 이성근 원장님, 제주에서 같이 일할 때도 모든 일에 열정을 가지고 열심히 하셨던 모습 그대로 책에서도 열정을 느낄 수 있었습니다.

책을 통해 제주를 사랑하는 마음을 느낄 수 있어 제주인으로서 정말 감사하고 감동했습니다.

제주를 사랑하고 경험하고 싶은 분들께 정말 추천하고 싶습니다.
책을 통해 제주의 아름다움을 느껴보세요.

- 한국건강관리협회 제주특별자치도 지부 김명희 -

추천사

  제주도! 뉴질랜드에 이민을 와서 살고 있는 나에겐 참 비슷한 아름다움을 느끼게 하는 곳이다. 몇 년 전 오빠가족이 살고 있는 제주도를 방문하였고, 올레길을 걸을 수 있는 기회가 있었는데, 그날은 마침 올레길을 걷는 행사가 있었더랬다. 남녀노소 참 많은 사람들이 모여 들었다. 그중에는 1톤 트럭 짐칸에서 유모차를 꺼내 아직 걷지 못하는 아기를 유모차에 태우고 걷는 가족도 있었고, 임신중인 외국인 아내와 함께한 가족 등, 다양한 사람들이 모였지만 목표는 한 가지, 제주도 올레길을 걷는다는 것이었다. 올레길은 산길, 바닷가 길, 마을길을 지나는 코스로 이루어져 있었는데, 그 아름다움은 이루 말로 표현할 수 없을 정도였다.

나는 올케 언니와 함께 올레길을 걸으면서 많은 이야기를 나누었고, 서로를 이해하는 귀한 시간이 되었다. 걷는 것만으로도 의미가 있었지만, 아름다운 자연을 누리며, 소중한 사람과 이야기를 하며, 맛있는 한국 음식도 먹을 수 있었다. 그때 나는 '행복은 가까운 곳에 있구나.'라고 생각을 했다.

제주도 올레길은 바쁜 일상을 잊고, 나의 생활을 돌아보며 그야말로 육체적, 정신적 회복의 시간이었다.

『제주도 트레킹 어디까지 해봤니?』이 책을 통해 독자 분들이 제주도 트레킹을 보다 구체적으로 계획하고, 용기를 내어 실천해 보기를 바라본다. 결코 후회하지 않을 것을 확신한다. 행복은 생각보다 가까운 곳에 있으니 말이다.

- 이지선 -

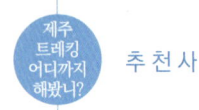

추천사

저는 서울 생활 도중 도망치듯 제주도로 떠나게 되었습니다. 목표했던 방향을 잃는 것은 아닌지 불안했지만, 하루를 살더라도 행복하게 살고 싶다는 생각에 제주도로 향하게 되었습니다.

제주도에서 첫 직장은 건강관리협회에서 시작하게 되었고, 외과전문의이신 이성근 원장님을 만나게 되었습니다. 평소 원장님은 인생을 살아감에 있어서 항상 열심이시고, 열정적인 에너지를 주위에 나누고 베푸는 것을 좋아하시는 분입니다. 특히 원장님은 다독을 즐겨하시며, 그중 행복에 관한 책을 많이 소개해 주셨습니다. 그런 원장님이 그려내는 책들은 독자들에게 더욱 깊이 와 닿을 것이라는 생각을 했습니다. 그런 원장님이 트레킹 하기에 좋은 제주도 곳곳에 대한 경험을 책으로 발간하신다 하니 제주도를 궁금해 하실 많은 분들에게 더 없이 좋은 기회가 될 것이라 생각합니다.

사실 제주도에 산다고 하여 제주도의 많은 곳을 세세하게 아는 것은 아닙니다. 제주도에 살더라도 제주도 곳곳을 발로 딛고 직접 찾아가서 경험하지 않으면 직장과 집을 반복하는 우리의 삶과 별다를 것이 없는 것이지요. 원장님이 책에서 서술하신 곳곳의 장소들을 읽으며 다시금 제주도의 공기를 느낄 수 있었고, 살아 있는 듯한 느낌을 받을 수 있었습니다. 시간가는 줄 모르고, 여행하듯

푹 빠져 읽었습니다. 이 책은 원장님의 제주도에 대한 폭넓은 지식과 경험이 고스란히 들어 있지만, 간결하고 쉽게 읽을 수 있는 책입니다.

제주도에서 새로운 경험을 원하는 모든 분들에게 이 책을 추천합니다. 이 책 한 권이면 어디에서든 제주도에 있는 듯한 힐링을 경험할 수 있을 것이라 생각합니다. 많은 분들에게 이 책이 또 다른 희망이 되기를 바라며, 귀하고 값진 경험을 공유하게 해 주신 이성근 원장님께 다시 한번 진심으로 감사의 말씀을 드립니다.

- 가정의학과 전문의 최민아 -

목차

제주 트레킹
어디까지 해봤니?

책을 펴내며_ 2
추천사_ 6

I. 제주에서 나의 첫 번째 선택은 한라산
1. 대한민국 최고의 명산인 한라산_ 16
2. 내가 한라산을 좋아하는 이유_ 19
3. 한라산 코스 맞춤형 소개_ 24

II. 제주가 내게 준 큰 선물은 제주올레
1. 제주올레가 제주에 살게 하다._ 54
2. 제주올레 자원봉사를 통해 배우다._ 61
3. 제주올레 나만의 Best 12_ 69
4. 제주도의 보배는 제주올레_ 83

III. 제주의 보물은 오름
1. 제주만의 보물, '오름'을 강력 추천 드립니다._ 102
2. 제주 오름 베스트 12_ 107

Contents

Ⅳ. 영원히 보존되었으면 하는 제주의 숲길_ *123*

Ⅴ. 나의 제주 트레킹 버킷리스트 33_ *135*

별책부록
1. 제주의 여름 음식_ *204*
2. 제주도! 어디까지 가보셨나요?_ *212*
3. 제주에서 7년 살아보니 어때?_ *224*
4. 칼잡이 외과의사가 제주올레에 빠진 이유 (제주올레 수필공모 당선작)_ *230*
5. 히말라야, 안나푸르나를 걷다._ *235*
6. 나의 산티아고_ *242*
7. 내가 좋아하는 트레킹_ *248*

I

제주에서 나의 첫 번째 선택은 한라산

I. 제주에서 나의 첫 번째 선택은 한라산

1. 대한민국 최고의 명산인 한라산

내가 제주에서 가장 하고 싶었던 것이 한라산 등반이었다. 그리고 7년간 나는 한라산을 줄기차게 다녔다. 성판악 코스로도 가고, 관음사 코스로도 올라서 백록담을 보기도 했다. 영실 코스로도 가고, 어리목 코스로도 가고, 돈내코 코스로도 갔다. 새벽에도 가보고 야간산행도 다녔다. 혼자도 가보고, 가족들과도 가고, 직장동료들과도, 좋아하는 사람들과도 갔다.

제주도민들 중에도 한라산 정상을 평생에 한 번도 가보지 않은 분이 많다는 사실을 알고는 참으로 놀랬었다.

얘기를 듣자하니 고개만 들면 한라산이 보이고, 또한 제주도 자체가 한라산이기 때문에 굳이 오를 필요가 없다 하신다. 한라산이 좋아서, 누구에게든 소개해 주고 싶어 안달 난 나는 이해할 수가 없었다. 도리어 그분들은 내게 왜 한라산에 그리 자주 가느냐고 묻는다.

한라산에 가면 나는 자연의 위대함을 본다. 모든 산행에서 느끼는 기분이지만 '결과보다는 과정이 중요하다.'는 깨달음을 얻는다. 정상이 목적이 아니라 한발 한발 걷는 것 자체가 의미 있다는 것을 새삼 깨닫게 된다. 인간은 자연과 함께할 때만 건강할 수 있다는 것, 물질적인 삶보다 여유를 즐기는 삶이 더 필요하다는 것, 정기적인 운동이 장수의 비결이라는 것을 다시 한 번 깨닫게 된다.

그리고 한라산 산행에서는 6~7시간 정도 머리 아픈 고민 없이 걷는 것에만 집중할 수 있어 좋다. 오르막을 오르다 보면 숨차지만, 한 방울 흘러내리는 땀방울에서 스트레스가 빠져나가는 희열을 느낀다. 한발 한발 내디딜 때마다 사랑하는 사람의 소중함을 느낄 수 있어 좋다. 한

시간 간격으로 쉴 때마다 그간 고마웠던 사람들에게 문자를 보내는 일도 좋다. 울퉁불퉁한 하산 길에서 인생의 후반부를 어떻게 보내야할지 생각하는 시간도 좋다. 그리고 다시 일상으로 돌아갈 곳이 있음이, 나를 기다리는 가족이 있음이 행복하다.

　　한라산 추억 중 가장 기억에 남는 것은 장모님과 함께한 백록담 산행이었다. 더운 여름 관음사에서 출발하여 한라산 정상으로 향했다. 아이들과 아내는 육지에서 손님이 와서 함덕해수욕장으로 일광욕을 하러 갔었다. 더운 여름이었기에 얇은 옷만을 입고 갔었는데, 정상에서 우리는 갑작스럽게 비와 우박을 만났다. 한여름에 우박이라니 너무나도 놀랬는데 더 놀라운 것은 함덕해수욕장은 해가 하루 종일 쨍쨍했다는 것이었다. 한라산 정상부위를 제외하고는 더운 날씨였던 것이다. 해발 1,950m이기에 가능한 일이었을 것이다. 다행히 비옷을 챙겨갔기에 무사히 추위를 피할 수 있었다.

　　그리고 둘째가 5살이었을 때 초등학교 고학년인 조카들과 한라산 백록담을 다녀온 것도 잊지 못할 추억이다. 뉴질랜드에 살고 있는 누나의 두 딸이 제주에서 가장 하고 싶은 일이 한라산 정상에 가는 것이라고 해서 같이 갔었다. 중간중간 안아주기는 했지만 아들 역시 씩씩하게 한라산 정상 등반에 성공했다.

2. 내가 한라산을 좋아하는 이유

제주로 이직한 후 가장 처음 맞이하는 연휴에 가장 먼저 간 곳이 한라산 백록담이었다. 고등학교 졸업하면서부터 열심히 산을 다녀서인지 한라산은 제주에서 가장 가고 싶은 곳이었다. 그리고 7년 동안 한라산 백록담에 8번, 윗세오름에 14번을 포함하여 총 35번 한라산을 다녀왔다. 혼자 한라산에 간 적이 26번이고, 9번은 가족과 함께였다.

한라산을 즐기는 방법은 여러 가지가 있다. 가장 대표적인 곳이 한라산 백록담에 오르는 것으로 성판악에서 시작하는 코스와 관음사에서 시작하는 코스가 있다. 관음사코스가 대체로 오르는 것이 힘들어 성판악에서 출발하는 경우가 많다.

두 번째 방법은 윗세오름까지 오르는 것으로 영실, 어리목, 돈내코에서 출발가능하다. 그 이외에도 어승생악, 사라오름, 석굴암으로 가는 코스도 한라산 트레킹의 일부이다.

🎒 내가 한라산을 오르는 9가지 이유

첫째, 한라산은 해발 1,950m로 대한민국에서 가장 높은 산이다. 우리나라에서 백두산을 제외하고 가장 높다. 가장 높은 곳을 가는 것만으로도 큰 의미가 있다. 평생에 한번쯤은 한라산 백록담을 다녀오는 것도 의미가 있지 않을까 싶다. 참고로 성판악 탐방안내소에서는 백록담을 다녀오면 기념증서와 메달을 발급해주고 있다. 백록담에서의 인증사진을 보여주면 언제든지 만들어주므로 기념으로 해볼 만한 이벤트이다.

둘째, 한라산은 유네스코 세계자연유산이자, 세계지질공원이자, UNESCO 생물권 보전지역으로 지정된 곳이다. 전 세계를 통틀어도 3관왕의 타이틀을 가지고 있는 곳이 몇 군데 없을 것이다. 그렇게 한라산은 세계적으로도 인정받는 곳이다. 굳이 비싼 돈을 들여서 외국에 나가고 히말라야를 가고 융프라우를 갈 필요가 없다. 가까운 곳에 세계적인 명소가 있다. 그곳이 바로 한라산이다.

셋째, 한라산에 오르면 멋진 풍광이 기다리고 있다. 물론 날씨의 영향이 있어 항상 그러한 것은 아니지만 한라산 정상에 서면 백록담이 먼저 반겨준다. 그리고 구름의 바다 위에 설 수 있어 천상의 세계에 있는 것 같은 느낌도 든다. 날씨가 정말 좋은 날이면 바다를 건너 멀리 육지의 섬까지도 보인다. 이보다 더 아름다운 모습이 세상에 있을까 싶을 정도다. 개인적으로는 백록담에서 관음사코스 방향으로 300m 정도 걸어간 지점에서 본 풍광을 가장 좋아한다. 언제나 잊을 수 없는 광경이다.

넷째, 삼림욕을 충분히 즐길 수 있다. 제주도에 와서 해수욕을 즐기는 사람들이 많지만 난 삼림욕만큼 좋은 것이 없다고 생각한다. 나무들이 선물하는 신선한 공기를 마시고 있노라면 세상에서 찌든 때가 없어지는 느낌도 든다. 머리부터 발끝까지 전신이 맑아지는 느낌이 든다. 그런 삼림욕을 6~10시간 맘껏 즐길 수 있는 곳이 한라산이다.

다섯째, 겸손을 배우고, 사색하게 된다. 산에 오르면 많은 생각들을 하게 된다. 혼자 걸을 때는 특히나 생각을 많이 하게 된다. 자연을 바라보며 걷다 보면 나를 괴롭히던 인생사의 고민들이 그리 크지 않은 문제로 여겨진다. 긴 시간의 일부일 뿐이라는 것도 깨닫게 된다. 시간이 흐르면 해결될 것이라는 것도 어렴풋이 알게 된다. 인간의 능력을 뛰어넘는 대자연의 장엄함을 눈으로 보면 나약한 인간임을 알게 되고 겸손함을 배우게 된다.

여섯째, 사람들과 함께 걸으면 친해지고 관계가 깊어진다. 특히나 한라산은 긴 시간 동안 함께 걸어야 하기 때문에 전우애가 생긴다. 같이 힘든 과정을 겪었기에 잊지 못할 추억을 만들고 친밀감이 깊어진다. 사랑하는 친구, 동료, 가족들과 꼭 한번 한라산을 오르라고 권유하고 싶다. 고등학교 절친들과 한라산에 올랐던 기억은 26년이 지난 지금도 잊을 수가 없다.

일곱 번째, 한계에 대한 도전이다. 한라산을 오를 정도면 못할 것이 없다는 자신감이 생긴다. 뉴질랜드에서 살고 있는 조카들에게 제주도를 다녀간 후 가장 기억에 남는 것이 무엇이냐고 물었더니 '한라산 백록담에 올랐던 것'이라고 대답을 했다. 왜냐고 물었더니 '힘들었지만 불가능할 것이라고 생각되었던 것을 하고 나니 이제는 못할 것이 없겠다.'라는 생각이 들었기 때문이란다.

여덟 번째, 제주도는 한라산이고 한라산은 제주도이다. 제주도민들은 제주도 전체가 한라산이라고 말씀들을 하신다. 육지 분들은 제주도에 다녀왔다고 하면 당연히 한라산을 다녀온 것이라고 생각한다. 따라서 제주도를 갔다 왔다고 하려면 한라산을 다녀와야 한다. 백록담을 못 보더라도 어승생악 정도는 한번 올라야 한다. 어승생악도 분명히 한라산이므로.

　　아홉 번째, 한라산은 제주 자연의 진수이다. 새소리를 들으며, 나무 사이로 불어오는 바람을 느끼며, 찬란하게 빛나는 햇빛의 안내를 따라, 자연 그대로의 돌과 흙을 밟으며 한 걸음씩 내딛다 보면 어느새 아름다운 제주 자연 모습이 펼쳐진다. 때로는 이국적으로, 때로는 친숙하게 다가오는 한라산에서의 제주 모습은 환상적이다. 나에게 한라산은 생각만 해도 가슴 설레는 제주 자연의 진수이다.

3. 한라산 코스 맞춤형 소개

🎒 한라산 백록담에 8번 오르다.

　제주에 사는 7년간 35번의 한라산 산행 중 8번 한라산 백록담에 올랐다. 그중 6번은 혼자였다. 한라산에 혼자 갈 때는 주로 깊이 생각해서 중요한 결정을 내려야 할 때였다. 7년간 제주에 살면서 제주를 떠날 뻔 했던 위기가 3번 있었는데 그때마다 한라산은 내게 답을 주었다.
　그리고 가족과 2번 백록담에 갔다. 가족과 함께했던 백록담 산행 중 가장 기억에 남는 것은 다섯 살 된 아들과 함께 올랐던 때이다. 지금 생각해보면 너무나 즉흥적인 결정이었고, 다녀와서 아들이 고생해서 미안하기도 했지만 아들은 아직도 그때 기억을 좋았다고 말해줘서 고맙다. 그리고 한라산 백록담 등반을 성공했듯이 무슨 일이든 할 수 있다는 자신감을 아들이 갖게 되어 기쁘다.

한라산 정상에 올라 백록담 정상을 보는 것이 그리 쉬운 일은 아니다. 산 아래쪽 날씨는 좋아도 해발 1,400m 이상으로 올라가면 날씨가 달라지기 일쑤이기 때문이다. 5년 전 여름 장모님과 함께 백록담에 올랐을 때는 비와 우박이 내려 힘들었는데 그때 아내는 아이들과 육지손님들과 함께 찌는 더위에 함덕해수욕장에서 해수욕을 하고 있었다. (그만큼 한라산의 날씨는 해변가와 달랐다.)

　　백록담을 보기 위해서는 성판악이나 관음사에서 등산을 시작해야 한다. 남벽분기점에서 정상으로 가는 길이 이제는 폐쇄되고 없으니 정상으로 오르는 길은 단 두 곳밖에 없다. 윗세오름에서 정상으로 가려고 묻는 이들을 몇 번 만났는데, 현재는 정상을 가려면 반드시 성판악이나 관음사에서 시작해야 됨을 알아야 한다.

🎒 가장 많은 이들이 찾는 성판악 코스

성판악 코스(9.6km, 4시간 30분 소요)는 경사가 완만하여 걷기 좋은 길이다. 거리가 다소 길고, 전체코스 중 3/4 지점까지는 풍광이 멋있지는 않지만 접근성도 좋아 많은 이들이 즐기는 코스이다. 제주시외버스터미널에서도 성판악 주차장으로 가는 버스가 자주 있는 편이다.

성판악 탐방안내소에서 출발하여 4.1km 정도 올라가면(1시간 20분 소요) 속밭 대피소가 나온다. 빠른 걸음으로 가면 한 시간이면 도착할 수 있다. 그만큼 완만하다. 이곳에서 화장실도 다녀오고 한숨 돌리는 것이 좋다. 등산은 한 시간 정도 간격으로 쉬어주는 것이 좋다고 한다. 그리고 속밭 대피소 다음부터는 조금씩 경사가 있기 때문에 쉬는 것이 여러모로 좋다.

속밭 대피소에서 진달래밭 대피소까지는 3.2km(1시간 40분 소요)이다. 중간에 사라오름 입구가 있는데 사라오름을 보고 싶은 분은 다녀오면 된다. 사라오름으로 가는 갈림길에서 정상까지는 600m로 20분 정도 소요된다. 하지만 유의할 것이 있다. 동절기에는 진달래밭 대피소에서 12시에, 하절기에는 13시에 정상으로 가는 길을 통제하므로 시간을 잘 확인해야 한다. 사라오름을 다녀와도 진달래밭 대피소까지 동절기에 12시, 하절기에는 13시까지 갈 수 있는 충분한 시간이 될 때 사라오름을 올라야 하는 것이다. 성판악으로 내려오실 분은 하산 시 사라오름을 올라가는 것이 더 나을 수 있다.

진달래밭 대피소에 도착하면 가급적 쉬고, 식사를 하고 오르는 것이 좋다. 화장실도 다녀오고, 어느 정도 쉬었다 출발하는 것이 체력안배를 위해서도, 안전산행을 위해서도 좋다. 몇 년 전부터 매점은 이용할 수 없으니 음료와 음식은 준비해 가야 한다.

진달래밭 대피소에서 정상까지는 2.3km(1시간 30분 소요)이다. 생각보다는 힘든 구간이다. 다행히 구간 구간 데크로 계단이 되어 있어 다소 편해지기는 했다.

한라산 성판악탐방로(백록담 등반 코스 1)

길찾기

제주국제공항2 정류장 — 181번 버스 → 성판악 정류장 — 도보 2분 → 성판악탐방안내소

♣ 제주국제공항2 정류장에서 181번 버스를 타고 10개 정류장을 이동한 뒤 성판악 정류장에서 하차. 도보로 2분 정도 걸으면 성판악탐방안내소에 도착한다. (예상 시간: 50분)

성판악탐방로는 한라산 동쪽에서 시작하며 정상인 백록담까지 오를 수 있는 코스이다. 한라산 코스 중에 가장 길고 시간이 많이 걸리지만 백록담까지 올라갈 수 있는 2개 코스 중 하나이다. 그러므로 백록담의 웅장함을 보고 싶은 사람이라면 꼭 한번 올라가야 할 코스이다.

탐방예약은 한라산국립공원 홈페이지를 통해 가능하다. 올라갈 때 체력을 아껴두지 않으면 내려올 때 크게 고생할 수 있다. 그러니 속밭대피소와 진달래밭대피소가 나오면 일단 한숨 돌리고 천천히 걷자.

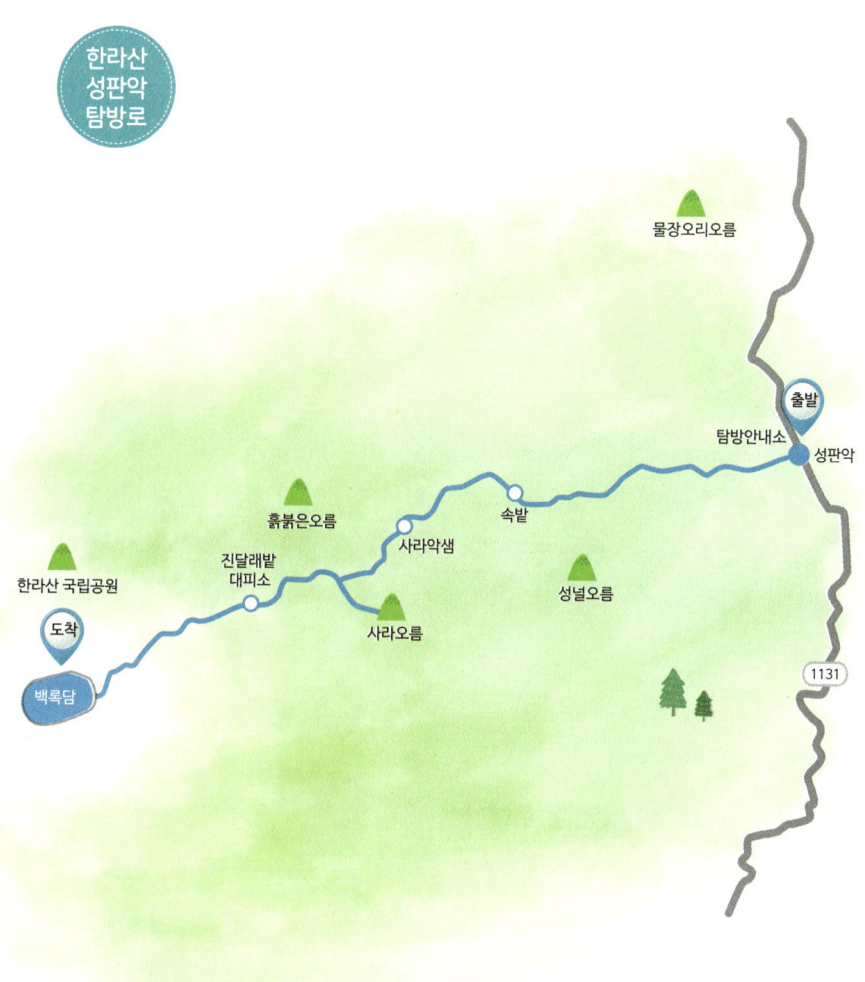

코스&시간

성판악 탐방로 코스: 9.6km, 약 4시간 30분

성판악(탐방안내소) —4.1km→ 속밭 —1.7km→ 사라오름 입구 —1.5km→ 진달래밭 대피소 —2.3km→ 백록담

🎒 산을 좋아한다면 관음사 코스

관음사 코스(8.7km, 5시간 소요)의 시작은 관음사지구 야영장이다. 관음사 코스라는 이름 때문에 출발지를 관음사로 착각할 수 있으니 주의해야 한다. 차를 가지고 오신 분은 관음사지구 야영장에서 주차를 하고 시작한다. 관음사로 가는 시외버스가 드물어 차를 이용하시는 분이 많다.

야영장에서 탐라 계곡까지 3.2km(1시간 소요)는 길이 잘 정비가 되어있고 어린이들 자연학습장으로도 잘 꾸며져 있다. 곳곳에 자세한 안내 자료가 비치되어 있어 어른에게도 도움이 된다. 어린이들이 걸을 정도로 완만하고 삼림욕을 즐기기에 더없이 좋은 곳이다.

탐라계곡을 조금 지나면 대피소가 있는데 화장실을 이용할 수 있다. 가파른 탐라계곡 계단을 올라왔으니 잠시 쉬는 것도 좋다.

탐라계곡에서 삼각봉 대피소까지는 2.8km(2시간 20분)이다. 짧지만 시간이 많이 소요되는 것은 그만큼 가파르다는 것이다. 하지만 어느 정도 체력을 갖추었다면 힘들지 않게 오를 수 있는 코스이다. 힘들지만 한 걸음 한 걸음 걸으며 자연을 즐기다 보면 어느새 조금씩 해발고도가 높아짐을 표지석을 통해 알 수 있을 것이다. 또한 능선을 따라 오르는 구간이라 시원한 바람이 땀방울을 식혀준다. 성판악 코스와 마찬가지로 삼각봉대피소 통제시간(동절기 12시, 하절기 13시)이 있으니 시간 조절을 잘 해야 한다.

삼각봉의 위엄은 대단하다. 갑작스럽게 나타나는 커다란 바위는 오르는 이를 압도한다. 삼각봉 대피소에서 바라보는 탐라계곡의 풍광은 특히나 가을에는 최고이다.

삼각봉 대피소에서 정상까지는 2.7km(1시간 40분 소요)이다. 구름다리도 지나고 용진각 대피소가 있었던 곳도 지난다. 용진각 대피소는 과거 태풍 때 한라산 백록담 북벽이 붕괴되면서 급류와 토사로 흔적만 남기고 사라졌다. 대자연의 힘을 다시 한 번 실감하게 된다.

탐라계곡에서 삼각봉 대피소까지 오는 길도 힘들지만 삼각봉 대피소에서 정상까지 가는 길도 험하다. 로프를 잡고 올라가야 되는 구간도 있고, 경사가 제법 있어 겨울에는 특히나 위험한 구간도 있다. 최근에는 다행히 데크를 많이 설치하여 과거보다는 나아졌다. 개인적으로는 한라산의 풍광 중 최고로 꼽는 곳은 관음사 코스 중 마지막 300m 구간이다. 지극히 개인적인 생각이지만 백록담을 바라보는 풍광보다 더 멋지다.

그렇게 뒤돌아보며 풍광에 취해 조금씩 올라가다 보면 갑자기 백록담이 나타난다. 하지만 백록담을 항상 볼 수 있는 것은 아니다. 백록담은 날씨가 도와줘야지 볼 수 있는데 개인적인 경험의 확률은 50% 정도이다.

처음에는 관음사 코스로 올라가는 것을 주저하곤 했다. 힘들다는 주위의 의견들

이 큰 영향을 끼쳤는데 최근에는 오히려 관음사 코스로 등반하는 것이 더 낫다는 생각이 든다. 개인적으로 성판악 코스는 밋밋하고 지루하기 때문이다. 하지만 등산을 자주 즐기지 않는 동반자가 있을 시에는 성판악 코스를 선택한다.

한라산 관음사탐방로(백록담 등반 코스 2)

길찾기

제주국제공항 입구(동) 정류장 → 455번 버스 → 제대마을(남) 정류장 → 도보 2분 → 제대마을(북) 정류장 → 457번 버스 → 관음사 탐방로입구 정류장 → 도보 2분 → 관음사 지구야영장

♣ 제주국제공항입구[동] 정류장에서 455번 버스를 타고 26개 정류장을 이동한 뒤 제대마을[남] 정류장에서 하차한다. 그리고 도보로 2분 정도 걸어 제대마을[북] 정류장에서 475번 버스를 타고 5개 정류장을 이동한 뒤 관음사 탐방로입구 정류장에서 하차. 도보로 2분 정도 걸으면 관음사지구야영장에 도착한다. (예상 시간: 1시간 8분)

관음사탐방로는 한라산 북쪽에서 시작하며 성판악탐방로처럼 정상인 백록담까지 오를 수 있는 코스이다. 성판악탐방로보다 조금 짧지만 시간은 조금 더 걸리는 마의 코스이다. 백록담까지 올라갈 수 있는 2개 코스 중 하나이므로 백록담의 웅장함을 보고 싶은 사람이라면 꼭 한번 올라가야 할 코스이다.

탐방예약은 필수이며, 이 또한 올라갈 때 체력을 아껴두지 않으면 내려올 때 크게 고생할 수 있다. 어느 정도 체력이 있는 사람이 도전해야 할 난코스이기도 하다. 이 정도는 아무것도 아니겠지 하고 올랐다가 오히려 아무것도 아닌 건 나 자신이었다는 사실을 뼈저리게 깨달을 수도 있기 때문이다.

코스&시간

관음사 탐방로 코스: 8.7Km, 약 5시간

탐방안내소 —3.2km→ 탐라계곡대피소 —1.7km→ 개미등 —1.1km→ 삼각봉대피소 —2.7km→ 백록담

🎒 **짧은 시간 한라산의 진면목을 느끼고 싶다면 윗세오름으로.**

　성판악에서 정상까지 4시간 30분, 관음사에서 시작하면 정상까지 5시간 소요되지만 영실에서는 2시간(빠른 걸음이면 1시간 30분이면 도착), 어리목에서는 2시간 30분(빠른 걸음이면 2시간)이면 한라산의 진면목을 볼 수 있다. 백록담을 볼 수는 없지만 윗세오름에서도 한라산을 즐기기는 충분하다. 한라산 정상이 코앞에 서 있고, 오히려 한라산의 모습이 더 멋지게 느껴지기도 한다.

7년간 35번의 한라산 등반 중 14번을 윗세오름에 올랐다. 영실로 오른 것이 10번이고, 어리목으로 오른 것이 4번이다. 돈내코에서 출발한 적은 없고 하산 길로 2번 선택했다.

왜냐하면 영실에서 시작하는 것이 가장 거리도 짧고, 쉽고 편한 방법이기 때문이다. 특히나 영실코스는 영실탐방안내소에서 영실휴게소까지 2.4km(40분 소요) 거리를 차로 이동할 수 있다는 장점도 있다.

제주에서 근무했던 직장에서 단체로 한라산에 갈 때는 어리목에서

출발하는 코스를 이용한다. 가장 안전하기 때문이다. 영실은 상대적으로 바람이 불거나 날씨가 안 좋은 날에는 다소 위험할 수 있다.

가족과 함께라면 영실코스

영실코스(5.8km, 2시간 30분 소요)는 5.8km로 소개되어 있지만 영실휴게소에서 윗세오름까지의 거리로 따지면 3.7km이다. 영실코스의 거리 5.8km는 영실휴게소에서 남벽분기점까지이므로 윗세오름부터 남벽분기점까지의 거리인 2.1km를 제외하면 윗세오름까지는 3.7km인 것이다. 대부분의 등산객들은 남벽분기점까지 가지 않고 최종목적지가 윗세오름 휴게소인 경우가 많다.

영실휴게소에서 초반 1km 정도는 그리 힘들지 않다. 영실코스에서 가장 힘든 코스는 그 다음 500m 정도이다. 이 구간은 소위 '깔딱 고개'라고 부른다. 숨이 꼴까닥 넘어갈 정도로 힘들다는 의미일 것이다. 그래도 쉬엄쉬엄 한발 한발 내딛다 보면 장엄한 오백장군의 멋진 모습(병풍바위)을 볼 수 있다.

깔딱 고개를 지나 잠시 풍광에 취해 한숨을 돌리고 1km 정도는 능선을 타고 오른다. 데크로 계단을 잘 만들어 놓아서 그리 힘들지 않게 오를 수 있다. 초등학생도, 5살 된 아이도 오를 수 있는 코스이니 절대로 미리 겁먹을 필요는 없다. 다만 날씨가 안 좋은 날에는 다소 위험할 수 있으니 조심해야 한다. 1km 정도 거리이지만 도중에 몇 번을 쉬게 된다. 힘들어서가 아니라 경치가 너무 좋아서 자꾸 뒤돌아보게 되기 때문이다. 계단을 한 걸음 옮길 때마다 새로운 자연과 마주하며 경이로움을 느끼게 된다.

　그렇게 한 걸음씩 옮기다보면 구상나무 숲이 나온다. 여기까지 왔다면 힘든 구간이 끝난 것이다. 이제는 평지를 걸으며 즐기기만 하면 된다. 구상나무는 살아서 천 년, 죽어서 천 년이라고 한다. 죽었지만 남은 모습은 보는 이로 하여금 감탄을 자아내게 한다. 이 구간의 숲에는 습지도 있다. 여름에 가면 습지를 관찰할 수 있는데 유심히 보면 귀한 생물들도 있다고 한다. 자연학습장으로도 손색이 없는 곳이다.
　숲을 500m 정도 걸으면 한라산이 갑자기 나타난다. 지금도 눈을 감으면 선명하게 떠오른다. 힘든 일이 있을 때 조용히 눈을 감고 이때의 광경을 생각하면 다시 힘이 나곤 한다. 그렇게 한라산은 언제나 내 곁에 있다.

그렇게 한라산을 맞이하고 한라산을 바라보며 1km 정도 평지의 선잣지왓을 걸으면 윗세오름에 도착한다. 가는 도중에는 노루 샘도 있으니 물맛을 느끼고 가면 좋다. 윗세오름 주위의 넓은 정원을 선잣지왓이라 부르는데 이곳에 오면 항상 기분이 좋아진다. 하늘정원을 걷는 기분으로 하늘 위를 거니는 신선이 된 기분이다. 그 넓은 들을 뛰어다니고 싶지만 코스 이외에는 통제되어 있어 아쉬울 뿐이다.

윗세오름 중 막내인 윗세족은오름의 전망대에서 바라보는 풍광은 천하일품이다. 이곳에 서면 제주의 서북쪽에서부터 정남쪽까지 한눈에 들어온다. 너무나 멋진 광경이다. 그 어떤 곳도 이곳에서의 풍광을 뛰어넘을 수 없을 것이다. 나는 어리목으로 올라와도 자주 이곳까지 와서 전망대에서 한참을 쉬었다가 간다.

윗세족은오름을 내려와 300m 정도만 걸어가면 윗세오름 대피소가 나온다. 이 길 또한 참 마음에 든다. 사람이 없을 때는 사색하면서 걸어서 좋고, 사람이 많을 때는 사람들이 함께 걸으며 이야기하는 모습을 보면 미소가 지어진다.

윗세오름 휴게소에서는 반드시 화장실을 가야 한다. 영실코스 중 유일한 화장실이기 때문이다. 넓은 윗세오름 휴게소에서 충분히 쉬었다가 내려가기도 하고, 잠시 쉬었다가 남벽분기점까지 다녀오기도 한다.

코스&시간

영실-윗세오름-남벽 분기점 코스: 5.8km, 2시간 30분

영실탐방안내소(매표소 주차장) —2.4km→ 영실탐방로입구 —1.5km→ 병풍바위 —2.2km→ 윗세오름 —2.1km→ 남벽 분기점

🎒 안전하고 걷기 좋은 어리목코스

　어리목코스(6.8km, 3시간 소요)도 어리목 탐방안내소에서 남벽분기점까지가 6.8km라서, 윗세오름까지만 계산하면 4.7km이다. 대부분 윗세오름까지 가는 경우가 많으니 실제로는 2시간 정도면 도착할 수 있는 코스이다.

　어리목 구간은 가장 안전해서 초보자나 단체로 오는 경우에 흔히 이용한다. TV 프로그램에서도 흔하게 등장하는 코스이다. 제주에서 일했던 직장에서도 매년 연초에 전 직원이 단합대회로 한라산 윗세오름을 오르는데 항상 어리목 코스를 이용한다.

　어리목 주차장에서 사제비 동산까지 2.4km 구간은 다소 가파르다. 쉬울 거라 생각하고 오신 분은 당황하실 수 있다. 산을 자주 다니시는 분도 두어 번 쉬었다가 올라야 하는 경사이다. 사제비 동산까지 도착했다면 어리목 코스의 가장 힘든 구간은 끝난 것이다. 이후부터는 편하게 산책하듯이 걸을 수 있다.

　사제비동산에서 윗세오름까지는 2.3km인데 뒤로 보이는 오름 군락과 멀리 푸른 바다를 카메라에 담다 보면 길게 느껴지지 않는다. 탁트인 한적한 산길을 걷는 기분이 들 정도이다. 개인적으로는 이 구간을 걸을 때면 스위스 융프라우 트레킹을 하던 때가 생각이 난다. 그만큼 이국적이고 신비롭고 경이롭다. 중간에 만세동산이 있는데 여기서 보는 한라산 모습과 제주시의 전경도 멋지니 꼭 들러볼 일이다. 주 등산로에서 30m 거리만 가면 된다.

윗세오름 휴게소에 도착하면 대부분의 사람들은 어리목으로 다시 내려가거나 영실로 내려간다. 아주 드물게 돈내코 코스로 하산하는 경우도 있다.

남벽분기점은 윗세오름에서 2.1km 거리인데 그리 힘들지 않아 1시간이 채 소요되지 않는다. 윗세오름에서 보는 한라산 정상과는 또 다른 모습을 접할 수 있다. 남벽분기점까지 가는 것이 힘들다면 적어도 윗세오름에서 남벽분기점 방향으로 500m 정도만 더 가볼 것을 추천한다. 너무 좋은 풍광이 기다리고 있을 것이다.

윗세족은오름 전망대도 윗세오름 휴게소에서 영실코스 방향으로 300m 정도만 가면 있는데, 좋다. 너무 좋다. 전망도 끝내준다. 개인적으로 이곳이 아주 마음에 드는데 어리목, 영실, 돈내코 코스 중에서 최고 뷰 포인트라고 생각한다.

코스&시간

어리목-윗세오름-남벽 분기점 코스: 6.8km, 3시간

어리목탐방안내소 —2.4km→ 사제비동산 —0.8km→ 만세동산 —1.5km→ 윗세오름 —2.2km→ 남벽 분기점

🎒 다양한 한라산을 즐기고 싶을 때는 돈내코 코스

개인적으로는 돈내코 코스(남벽분기점까지 7km, 3시간 30분 소요, 윗세오름까지 9.1km)로 올랐던 적은 없고 하산한 적만 2번 있다. 제주시에 살았던 나로서는 교통이 많이 불편했기 때문이다. 서귀포까지 가서 돈내코 탐방안내소로 가야 하는데 버스도 드물고 택시를 타더라도 적지 않은 금액이 들기 때문이다. 그래서 대부분 윗세오름을 갈 때면 영실이나 어리목 코스에서 시작한다. 돈내코 코스로 하산을 하더라도 교통편이 불편하기는 마찬가지이다.

돈내코 코스를 추천하는 시기는 4월에서 5월 사이 산철쭉이 만발할 때이다. 매우 환상적인 풍광이라 많은 이들이 찾는다. 개인적으로는 겨울에도 좋았던 것 같다. 평상시에는 돌길이라 다니기 불편한데 눈 싸인 겨울에는 걷기가 편하다. 조용히 사색하며 걷기에는 더할 나위 없이 좋은 코스이다.

돈내코 탐방안내소에서 평궤대피소까지 5.3km(2시간 50분 소요)이다. 평궤대피소에는 간이 화장실이 있어 이용할 수 있다. 돈내코 코스는 물을 구할 수 있는 용천수가 없으므로 반드시 충분한 물을 가지고 가야 한다.

평궤대피소에서 1.7km(40분) 더 올라가면 남벽분기점이 나온다. 남벽분기점에서 이전에는 남벽코스로 한라산 정상에 갈 수 있었는데 이제는 폐쇄되어 갈 수 없게 되었다. 1970년대 큰 태풍으로 길이 유실되고 인명사고가 나서 폐쇄되었다고 한다. 그래도 남벽분기점에 서면

'이쪽저쪽으로 올라갔겠구나.' 짐작하며 상상으로 남벽코스로 올라가게 된다.

　　남벽분기점에서 2.1km(1시간)를 더 가면 윗세오름이 나온다. 대부분 윗세오름까지 가니까 실제로 돈내코 코스는 4시간이 더 걸리는 긴 코스이다. 돈내코 코스로 오르는 분들은 대부분 윗세오름에서 영실이나 어리목으로 내려간다.

　　돈내코 코스는 다소 길고 풍광이 다른 코스에 비해 감흥이 적어 다소 지루할 수는 있지만 몇 년 전까지 자연휴식년제로 사람이 다니지 않았던 길이었고, 지금도 사람들이 많이 다니지 않는 코스인 만큼 자연과 가장 인접한 곳이다. 번잡스러움이 싫다면 돈내코 코스가 매력적일 것이다.

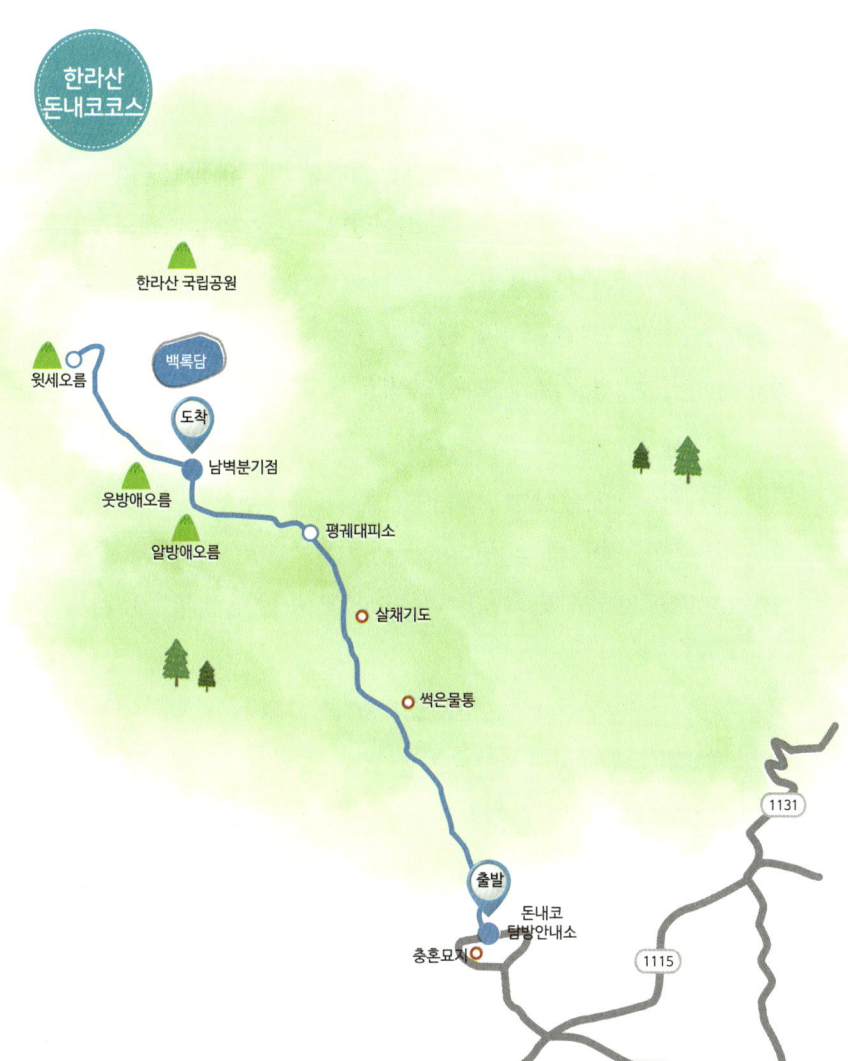

코스&시간

돈내코 코스: 7km, 3시간 30분

돈내코 탐방안내소 —5.3km→ 평궤대피소 —1.7km→ 남벽분기점

🎒 한라산에는 어승생악, 석굴암, 사라오름도 있다.

한라산이라 이야기하면 대부분은 성판악, 관음사, 어리목, 영실, 돈내코 코스만을 생각하는 경우가 많다. 하지만 한라산 국립공원에는 어승생악, 석굴암도 공식적으로 포함되어있다. 어승생악을 다녀와서 한라산에 다녀왔다고 하면 사람들이 이상하게 생각하지만 엄연히 어승생악도 한라산이다. 7년간 35번의 한라산 산행 중 어승생악을 다녀온 적은 6번, 석굴암은 2번, 사라오름은 3번이다.

개인적으로 한라산을 부담 없이 다녀오고 싶을 때 어승생악을 간다. 어승생악은 어리목 탐방안내소에서 가볍게 30분이면 올라갈 수 있기 때문이다. 쉽게 올라간다고 해서 정상에서의 전망이 별로인 것은 절대 아니다.

반면 석굴암은 개인적으로 그리 좋아하지는 않는 코스이다. 종교적인 색채가 느껴져서 좋아하지 않는 면도 있지만 걷는 것 정도의 의미라고 생각된다. 석굴암 코스는 두 번 다녀온 적이 있는데 5살 된 아들과 한 번, 겨울의 모습이 보고 싶어서 한 번 갔었다.

사라오름은 성판악코스에 위치해있다. 성판악에서 시작하여 백록담까지 올라가기 힘든 분들이 주로 이용하는 코스이며, 사라오름만을 보러 가시는 분들도 계신다. 사라오름이 만수일 때 장관이며, 눈 덮인 겨울에도 풍광이 좋다. 사라오름 전망대에서 바라보는 한라산 정상과 제주도 동쪽 풍광도 멋지다. 한여름 시원한 바람을 쐬며 전망대에 앉아 있으면 세상 부러울 것이 없다.

🎒 한라산 어승생악은 부담 없이 가도 언제나 좋다.

어승생악(해발 1,169m, 1.3Km, 30분 소요)은 부담 없이 언제든지 가볍게 갈 수 있는 곳이다. 우리 가족이 가장 좋아하는 코스이기도 하다.

어승생악 입구 바로 옆에는 어리목 탐방안내소가 있다. 그곳에 가면 나름대로 한라산의 자연에 대한 설명 자료가 많다. 아이들과 한 바퀴 둘러보면 도움이 된다. 그리고 한라산 자연해설사 신청을 할 수 있다. 미리 예약을 하면 더 좋지만 이용객이 많지 않아 당일 신청해도 자연해설을 들으며 어승생악을 오를 수 있다. 한라산뿐만 아니라 제주 문화와 자연에 대한 설명도 곁들어지니 제주를 이해하는 데 큰 도움이 될 것이다.

1.3km의 등반로는 그리 힘들지 않다. 산을 싫어하시는 분들도 30분 정도만 고생해서 어승생악 정상에 한번 올라가시면 후회하지 않는다. 정

상에 서면 한라산이 한눈에 들어온다. 윗세오름에서 보는 한라산 모습과는 또 다른 모습이다. 정말 한라산이 거인처럼 느껴지는 뷰 포인트이다.

그리고 날씨가 좋은 날에는 제주 동쪽 성산일출봉부터 제주 서쪽 차귀도까지 한눈에 들어온다. 제주도의 산북 지역(제주도에서는 한라산 정상을 기점으로 그보다 북쪽 지역을 산북 지역이라고 칭함), 즉 제주도 절반이 한눈에 들어오는 것이다. 날씨가 정말 좋은 날에는 추자도는 물론이고 전라도 지역 섬까지 보인다.

하나 안타까운 사실은 일제 강점기 군사시설인 토치카가 아직 남아있다는 것이다. 그것들을 없애자는 것이 아니라 그 시설물을 보고 있노라면 아픈 과거가 생각난다는 게 문제다. 폭탄에도 끄떡없는 군사시설을 이 높은 곳에 만드시느라 우리 선조들이 얼마나 많은 고생을 했을 것인지, 아픈 우리 역사를 떠올리며 잠시 다른 생각에도 잠겨본다.

한라산에도 석굴암이 있다.

석굴암 코스(1.5Km, 50분 소요)는 개인적인 생각이지만 크게 감동적이지 않다. 다시 말해 가고 싶다는 생각이 자주 드는 곳은 아니다. 이는 다른 코스가 너무 좋기 때문일 수 있다. 종교가 없는 나지만 목적지 가까이서부터 들려오는 경전의 소리가 거슬리기도 한다. 조용히 산책하러 왔는데 오히려 방해된다는 생각 때문이다. 그래도 석굴암 코스를 좋아하시는 제주분들도 많다. 주말에 삼림욕하며 트레킹하기 좋은 코스이기 때문이다.

석굴암 코스는 짧은 거리이지만 시간이 제법 걸리는 이유는 조금 가파르기 때문이다. 겨울철에는 미끄러워서 조심해야 된다. 5살 된 아들과 함께 갈 정도라 그리 힘들지는 않다.

출발점에서 30~40분 정도 올라가면 가장 높은 곳에 쉼터가 있다. 앉아서 쉴 수 있는 벤치이다. 절에 가기 싫어하시는 분들은 여기까지만 올랐다가 다시 내려가신다. 이곳에서 3~4분을 더 가면 내리막 계단이 나오는데 그 끝에 석굴암 암자가 있다.

경주에만 석굴암이 있다고 생각하는데 한라산에도 석굴암이 있다. 다만 경주의 석굴암을 생각하고 가면 아주 큰 실망을 하니 큰 기대는 안 하고 가야 한다.

한라산 사라오름

사라오름 코스(6.4km, 2시간 20분 소요)는 성판악 코스의 일부이지만 따로 설명을 드리는 이유가 있다. 사라오름만을 위해서 한라산을 가시는 분들도 적지 않기 때문이다. 2시간 남짓 삼림욕하며 걷는 것도 아주 좋기 때문에 많은 분들이 가신다.

개인적으로는 사라오름만을 위해 간 적은 3번이다. 한 번은 장모님과 한라산 단풍구경을 갔는데 장모님 체력으로 정상 도전은 무리라고 판단해서 사라오름까지만 다녀왔다. 그래도 아주 좋아하셨다. 나머지 2번은 기상악화로 진달래밭 대피소부터 통제를 하고 있어서 어쩔 수 없이 사라오름만 다녀온 경우이다. 아쉬웠지만 사라오름을 보고 오는 것만으로도 충분한 가치가 있었다.

특히나 사라오름은 여름 장마철 후 사라오름 분화구에 물이 많이 고일 때가 좋다. 대부분의 오름들의 분화구에는 물이 고이지 않는 경우가 많은데 사라오름에는 심한 건기가 아닌 경우에는 물이 고여 있어 운치가 있다. 나무데크로 길이 잘 정비되어 있어 호수 위를 걷는 것 같은 느낌을 받기도 한다.

그리고 사라오름에는 전망대가 설치되어 있는데 이곳에서 보는 한라산 정상의 모습과 제주 동쪽의 풍광도 멋지다. 시원한 바람이 불어와 여름에는 시원하고, 가을에는 단풍 모습이 오색찬란하며, 겨울에는 눈 덮인 한라산의 멋진 풍광을 볼 수 있는 곳이다.

사라오름으로 가는 방법은 성판악에서 시작한다. 성판악에서 사라오름 입구까지는 5.8km(2시간)인데 속밭 대피소에서 한 번 쉬면 금방 도착한다.

사라오름 입구부터 사라오름 정상까지는 600m인데 제법 가파른 편이다. 한 번은 시간이 없어 급하게 오른 적이 있는데 10분이 채 걸리지 않았다. 가파르긴 해도 먼 거리는 아닌 듯하다.

사라오름 분화구에 도착을 하면 멋진 오름 분화구의 풍경에 저절로 감탄사를 외치게 된다. 나무데크를 따라 분화구 한편을 걸어가면 전망대에 도착한다. 전망대에서의 풍광도 너무나 멋지다.

II

제주가 내게 준
큰 선물은
제주올레

제주
트레킹
어디까지
해봤니?

II. 제주가 내게 준 큰 선물은 제주올레

1. 제주올레가 제주에 살게 하다.

제주올레길은 제주도를 걸어서 즐기는 트레킹코스이다. 총 거리 437km로 주로 해안가를 따라 걷게 된다. 거리가 상당한 만큼 완주하려면 꽤나 시간이 많이 걸린다. 물론 산티아고 길처럼 한 달 이상씩 작정하고 걷는 사람들도 있지만 대부분은 한 번에 2~3일씩 여러 번 나눠서 걷는다. 나 또한 주말이나 휴가를 이용하여 여러 번에 나눠서 7개월 만에 27개 코스를 걸었다. 첫번째 완주 이후에도 올레를 잊을 수 없어 다른 방법으로도 계속 올레길을 즐겼다.

제주에서 살았던 7년간 나는 제주올레길을 111회 걸었다. 대부분 자원봉사자로 참여한 경우가 많았다. 클린올레에 1년에 10회 이상 참석하고, '아카자봉 함께걷기(제주올레 아카데미 자원봉사자와 함께걷기)'와 '제주올레 걷기축제'에 참여했다.

하지만 초창기에는 주로 혼자서 걸었다. 7개월 만에 제주올레를 완주하고 한동안 제주올레 걷기를 쉬었다. 제주의 오름에 반해 오름 투어를 한동안 다녔기 때문이다. 그러다가 2012년 10월 제주올레 아카데미 일반과정을 수료했다. 제주올레 아카데미를 15기로 수료한 후 그해 12월에 클린올레에 처음으로 참여했다. 그 뒤로 클린올레와 제주올레 걷기축제 등에서 자원봉사자로 활동하였다.

가족들과도 자주 제주올레를 걸었다. 7년간 총 25회 가족과 같이 걸었다. 혼자 걷는 것도 좋고 함께 걷는 것도 좋지만 아무래도 가족과 함께일 때가 더 좋았다.

홀로 걸을 때는 생각을 정리할 수 있어서 좋다. 복잡한 일도 걷고 나면 좀 정리된다. 복잡한 일이 없어도 걷고 나면 기분이 좋아진다. 지난날도 뒤돌아보며 미소 짓게 되고, 앞으로의 계획들도 어렴풋이나마 세우게 된다.

가족과 걸을 때는 이보다 더 좋을 수 없다. 사랑하는 가족과 추억을 만들며 시간을 함께 보내는 것만큼 행복한 것이 있을까 싶다. 다행히 아이들과 아내도 걷는 것을 좋아해서 우리는 종종 제주올레길을 걸으러 나갔다. 특히나 아내와 둘만 걸으면 더 좋다. 결혼기념일에 아내와 함께 제주올레길을 5시간 걸었는데 연애시절로 돌아간 기분이었다.

다른 사람과 함께 걸을 때는 그 사람과 친해질 수 있어 좋다. 4~5시간 걷다 보면 참으로 많은 이야기를 하게 된다. 마음이 맞는 사람과 제주올레길을 한 코스 걷고 나면 더 친해지게 되는 것이다.

많은 사람들과 함께 걸어도 좋다. 클린올레나 아카자봉 함께걷기 때는 10~50명씩 같이 걷게 되는데 다양한 사람들과의 만남과 이야기를 통해 다양한 깨달음을 얻게 된다. 세상은 혼자가 아니라는 사실과 다양한 의견이 공존한다는 것, 내 생각이 최고가 아니라는 진실, 더불어 살아갈 때 더 행복하다는 사실도 알게 된다.

내가 처음으로 제주올레길을 걸은 것은 2011년 10월 2일 일요일이었다. 가장 유명하다는 7코스였다. 10월 1일 한라산 백록담을 보고 와서 몸도 좀 피곤하고 해서 가볍게 제주도를 즐길 만한 곳을 찾다가 유명하다는 제주올레길을 찾은 것이다.

걷고 나서 난 무한한 감동을 받았다. 이국적인 제주바다도 좋았고, 걷는 사람들을 위해 예쁘게 길을 만들어 놓은 정성도 느껴졌다. 흙길을 걸을 때의 감촉도 좋고, 울퉁불퉁한 바닷가 돌 위를 걷는 것도 재미있었다.

그렇게 제주올레와의 첫 번째 데이트를 하고 나서 본격적으로 제주올레길을 즐기게 된 것은 2011년 11월부터였다. 이사도 하고 옮긴 직장에서 적응을 마친 후 다시 걷고 싶었다. 두 번째 걸은 코스는 10코스로 지금까지도 내가 가장 좋아하는 코스이다. 그리고 다음날 1코스. 제주올레 이사장님이신 서명숙님의 책에서 극찬했던 1코스의 알오름 정상에서 우도와 성산일출봉을 보고 싶었기 때문이다. 그렇게 초반에는 가고 싶었던 코스를 골라서 다녔다.

몇 코스를 다녀온 후 난 제주올레길에 점점 빠져들기 시작했다. 그

리고 이후에는 시간 날 때마다 제주올레길을 걷기 위해 나섰다. 가족들이 제주로 내려오기 전 3개월 동안은 혼자서 지냈는데 가족들에게 가지 않는 주말에는 매번 제주올레길을 걸었다. 그리고 가족들이 제주로 내려오고 나서는 주로 주말 새벽시간을 이용했다. 보통 제주올레길이 3~6시간 걸리기 때문에 오전 7~8시에 시작하면 점심시간 이후에는 아이들과 시간을 보낼 수 있기 때문이었다.

한 코스 걷고 오면 너무 좋아서 또다시 가게 되고, 또다시 갔다 오면 그 코스가 최고로 좋은 코스인 것 같았다. 심지어 꿈속에서도 올레길을 걷게 되었다. 그렇게 한 코스씩 걷다 보니 7개월 만에 27개 코스를 모두 걷게 되었다.

중간에 나름 위기도 있었다. 27개 코스 중 2/3 정도 걸었을 때 완주만을 위해 걷고 있는 나를 발견했기 때문이다. '걷는 것 자체'가 목적이 아닌 '완주를 해야 한다.'는 생각이 목적이 된 것이다. 그런 생각이 들고 한동안 걷는 것을 일부러 자제했다. 그리고 진심으로 걷고 싶은 생각이 들 때 다시 올레길을 걷기 시작했다. 그렇게 해서 7개월 만에 제주올레길을 완주했다.

혼자서 제주올레길을 첫 번째 완주한 후에는 사람들과 함께 길을 걷기 시작했다. 2012년 12월 처음으로 클린올레에 참석한 것이 큰 전환점이 되었다. 길을 혼자 걷는 것도 즐거웠지만 사람들과 자원봉사를 하면서 걷는 것도 좋다는 사실을 깨닫게 된 것이다. 그래서 그 이후로는 한동안 사람들과 함께 걷는 것을 즐겼다.

　그렇게 나의 두 번째 제주올레 완주는 클린올레로 진행되었다. 이는 2013년 7월부터 제주올레 아카데미 총동문회 총무로 활동한 것이 큰 기여를 했다. 매달 둘째 주 토요일마다 모여서 자원봉사 하는 클린올레를 진행하다 보니 빠질 수가 없었던 것이다. 물론 나에게도 큰 기쁨이었다.

　혼자서 걷고, 사람들과 걷고 난 후 세 번째 제주올레 완주 프로젝트로 가족들과 제주올레 완주를 목표로 걸었다. 그리고 나의 네 번째 제주올레 완주 시도는 자전거올레였다. 올레꾼들에게 방해되지 않는다는 원칙을 철저히 지키며 자전거 올레 완주를 마무리했다.

2. 제주올레 자원봉사를 통해 배우다.

🐴 클린올레, 받은 것을 나눔으로 갚다.

제주올레길은 도보여행길이다. 걸으며 여행하는 것이다. 그런 제주올레에는 특별한 자원봉사 모임이 있다. 제주올레길을 좋아하는 사람들이 모여서 깨끗한 올레길을 위해 쓰레기 청소를 하는 사람들이다. 일명 '클린올레'이다.

'클린올레'는 매달 시행되고 있다. 비가 와도 눈이 와도 사람들은 모인다. 미리 공지된 올레코스에 모여서 하루 종일 올레길을 걸으며 청소를 한다. 그렇게 청소를 하시면서 제주올레에서 받은 고마움을 갚는다고 생각하시는 분들이 많으시다.

내가 클린올레에 처음 참석한 것은 2012년 12월이었다. 2012년 제주올레 아카데미를 수료하고 난 뒤 본격적으로 함께했다. 그전에는 제주올레길을 즐기기만 했었다. 제주올레 전 코스를 처음으로 완주를 하고 나서 제주올레길을 의미 있게 걷고 싶어 선택한 것이 클린올레였다.

그리고 2013년 7월 제주올레 아카데미 총동문회 총무를 맡으면서 2년간 클린올레를 진행했다. 제주올레 홈페이지에 매달 클린올레를 알리면서 내가 마지막에 항상 사용하던 멘트를 난 좋아한다.

"클린올레는 제주올레길을 걸으며 청소를 하는 자원봉사입니다. 제주올레를 사랑하는 누구나 오실 수 있고, 점심식사비만 본인이 부담

하시면 됩니다. 좋은 사람들을 만나 이야기하고, 함께 걸으며 제주올레를 즐기며, 청소하며 자원봉사 하는 클린올레입니다. 앞으로도 많은 사람들이 제주올레길에서 행복을 만끽했으면 합니다.

　모다들엉(여럿이 모여) 옵서들! 클린올레는 여러분의 마음까지 지꺼지게(즐겁게) 해 줄꺼우다. 올레? 갈래! 가자! 클린올레!"

🐴 클린올레가 좋은 5가지 이유

1. 사람들이 좋다.

　　좋은 사람들이니까. 나쁜 사람이 없다. 항상 도움을 많이 받는다. 나보다 경험도 많으시고, 인생의 선배라 살아가는 데 도움이 되는 말씀을 많이 주신다. 또 그 사람들과 함께 있으면 기분이 좋아진다. 너무 좋은 사람들이니까.

2. 걷는 것 이상의 감동이 있다.

　　걷는 것도 좋다. 올레길을 걸으면 생각을 정리하고 마음이 차분해지고, 미래를 설계하고 과거를 반성하고, 현재를 충실히 살아야겠다고 다짐도 하고…….

　　근데 클린올레에는 그 이상의 감동이 있다. 올레길 청소를 통해 내 스스로를 청소하는 기분도 든다. 그리고 뭔가를 하는 것이니까, 다른 사람을 위해 하는 것이니까 좋다. 나의 수고로움이 다른 사람의 기쁨이 된다. 내가 길을 걸으면서 가졌던 감사함을 갚을 수 있는 기회라는 생각도 든다. 그래서 청소하면서 걸으면 참 좋다.

3. 자원봉사를 한다는 것이 좋다.

　　작은 일이지만 자원봉사를 한다는 것이 좋다. 스스로 자원해서 봉사하며 실천하니까 좋다. 자원봉사를 할 수 있는 기회가 되니 좋다.(자원봉사포털 1365 등록가능)

4. 내가 맡은 역할에 최선을 다할 수 있어 좋다.

　　제주올레 아카데미 총동문회 임원으로서 맡은 역할에 최선을 다하고 있어 좋다. 동문회의 대표적인 활동이자 중추적인 활동이 클린올레이다.

5. 그냥 좋다.

　　가고 싶고, 갔다 와도 전혀 피곤하지 않고, 힘들지도 않고, 기분이 좋아지고, 행복해지고, 미소짓게 되고, 즐거워지고, 또 가고 싶고, 사람들에게 고맙다고 이야기하고 싶고, 나눠주고 싶고, 함께하고 싶다. 그래서 클린올레를 사랑한다. 클린올레가 있어 너무 고맙다.

🐴 제주올레 아카데미가 나를 날게 하다.

제주올레길은 걷는 길이지만 제주올레 안에는 특별한 교육과정이 있다. '제주올레 아카데미'가 그것이다. 제주올레 아카데미는 제주를 알고, 제주올레길을 걸으며 배우는 배움의 장이다. 2012년에는 일반 과정이 었고, 일반과정을 수료한 사람들을 대상으로 심화과정이 있었다 (2022년 현재는 기초 - 일반 - 심화 과정으로 세분화 되었다).

내가 제주올레 아카데미를 수료한 것은 2012년 가을이다. 15기인데 제주에서 살 때는 15기 동기들이 종종 모임을 가졌었다. 제주올레 아카데미는 공부하는 곳이기도 하지만 사람들을 만나 교류하는 공간이기도 하다. 제주올레 아카데미 일반과정은 기초과정을 수료해야 지원가능하고 일정 비용이 있다. 심화과정에 비해서는 주로 이론적인 내용이 많지만 너무나 도움이 되는 내용이고, 제주올레를 좋아하는 사람들과 만날 수 있는 좋은 기회가 된다.

제주올레에 더 깊이 빠져들게 된 결정적 계기는 제주올레 아카데미 수료 후 2013년 6월 제주올레 아카데미 총동문회가 출범하면서 동문회 총무직을 맡게 되면서이다. 그리고 2년 동안 올인 했다. 제주올레 걷기축제에 자원봉사자로 참여하고, 클린올레를 준비하고, 1년에 두 번 육지길 걷기행사도 진행했다. 그리고 2013년 12월부터는 제주올레 아카데미 자원봉사자와 함께걷기(아카자봉 함께걷기) 프로그램을 기획하고 추진했다.

2년 동안 시간적으로, 정신적으로, 육체적으로 많은 대가가 있었지만 그보다 더 큰 행복이 있었다. 자원봉사를 통해 인생의 진정한 의미를 깨달았고, 사람들과의 만남을 통해 한층 성숙해졌다. 일을 기획하고 진행하는 과정에서 지혜를 배웠고, 실수를 통해 교훈을 얻었다.

  매일 아침 동문들에게 밴드를 통해 소식을 전하는 일은 나의 일상이 되었고, 매달 자원봉사자 서른 분을 섭외하는 과정을 통해 마음이 따뜻한 사람이 많다는 것을 알게 되었다. 클린올레에 참석하시는 수많은 사람들의 기쁨으로 가득 찬 미소를 통해 세상은 아름답다는 것을 느꼈고, 아카자봉 함께걷기를 즐거움으로 리더하시는 자원봉사자들을 통해 진정한 희생의 가치를 배웠다. 제주올레 아카데미를 통해 나는 배웠고, 실천했고, 날아올랐다.

'아카자봉 함께걷기' 제주올레의 역사가 되다.

2013년 12월부터 꾸준히 진행되고 있는 제주올레 아카데미 총동문회의 프로젝트인 '아카자봉 함께걷기'는 매일 자원봉사자 한 분과 제주올레길을 함께 걷는 프로그램이다. 제주올레 사무국이 아니라 제주올레 아카데미 총동문회가 자체적으로 진행하는 자원봉사모임으로, 매일 하루씩 제주올레 코스를 선정하여 제주올레 아카데미를 수료한 자원봉사자가 올레꾼들과 함께 걷는 자원봉사 프로그램이다.

아카자봉 함께걷기는 제주올레길을 함께 걸으며 아카데미에서 배운 지식을 공유하고 올레길의 경험을 나눈다. 무료로 진행되며, 올레길을 처음 접하거나 많이 접해보지 않은 분들에게 유용한 프로그램이다. 실제로 참으로 많은 초보 올레꾼들이 아카자봉 함께걷기를 통해 안전하고 재미있는 올레길 걷기를 시작했다. 그리고 이제는 제법 사람들에게 알려져서 초보 올레꾼들뿐만 아니라 제주올레를 좋아하시는 분들도 많이 오신다.

지금은 안정적으로 진행되는 프로그램이지만 처음 시작할 때는 다소 어려움이 있었다. 자원봉사자 분들을 안정적으로 확보하는 것이 쉽지 않았기 때문이다.

일정을 한 달 전에 미리 공지해야 육지에서 오시는 올레꾼들에게 도움이 되겠다고 판단하여 미리 자원봉사 신청을 받았는데 신청자가 적을 때가 많았다. 당시 총무를 맡았던 내가 이 일을 담당했기에 그럴 때마다 친한 분들에게 여러 번 부탁을 했었다. 그리고 신청하신 자원봉

사자 분들 중에서도 시일이 가까워지면서 다른 일정이 생겨 자원봉사를 취소하는 경우도 발생했다. 하지만 이미 올레꾼들은 참가신청을 한 상태인지라 다른 자원봉사자를 찾아야 하는 경우도 적지 않게 생겼다.

이제는 많이 해소가 되었지만 처음에 자리를 잡는 과정에서 몇 가지 문제점들이 생겨서 이를 개선하는 과정도 필요했다.

그래도 큰 보람이 있는 활동이었기에 많은 분들께서 함께해 주셨다. 이제는 아카자봉 함께걷기로 완주를 하시는 분들도 많이 계실 정도이다. 아무런 대가 없이 자원봉사를 자주 하시는 그분들을 뵐 때마다 큰 감동을 받는다.

3. 제주올레 나만의 Best 12

"어떤 길이 가장 좋은 길인가요?"

제주올레 27개 코스마다 매력이 넘쳐서 Best를 선정하는 것이 상당히 어렵기는 하지만 많은 분들께서 여쭙는 질문이다. 지금까지 111회 제주올레길을 즐기면서 많이 간 코스는 15-A코스, 1코스, 7코스, 16코스, 17코스, 20코스, 10코스, 14코스, 19코스 순이다. 집에서 가까워 접근성이 좋고, 인지도가 높아 지인들과 자주 간 곳이기 때문인 듯하다. 제주올레 걷기축제와 클린올레 등 자원봉사로 활동을 많이 갔던 것도 영향이 있다.

내가 개인적으로 좋아하는 제주올레 코스는 10코스, 21코스, 10-1코스, 7코스, 16코스, 12코스, 1코스, 6코스, 9코스, 20코스 순이다. 가족들과 함께 즐기기 좋은 코스는 10코스, 10-1코스, 16코스, 1코스, 21코스, 6코스, 17코스, 4코스, 20코스 등이다.

제주올레 1코스, 알오름에서의 풍광은 세계 제일

1코스는 상징적인 의미가 크다. 그래서인지 많은 이들이 제주올레길을 1코스부터 시작하는 경우가 많다. 올레길을 시작한 서명숙님도 1코스라는 것에 의미를 두었는데 제주시가 끝나고 서귀포시가 시작되는 시흥리를 1코스 출발지로 정했다. 과거에도 제주목사가 제주도를 둘러볼 때 시흥리에서 시작하여 종달리에서 마쳤다고 한다.

개인적으로도 1코스를 아주 좋아한다. 나는 제주올레 3대 비경으로 알오름에서의 풍광을 꼽는다. 알오름 정상에서 느꼈던 희열은 지금도 잊을 수가 없다. 지금도 눈 감으면 알오름에서 내려다보던 그 모습을 떠올릴 수 있다. 멀리 우도가 소처럼 누워 있고, 성산일출봉은 든든한 버팀목처럼 버티고 있다. 뒤를 돌아보면 한라산이 구름과 벗하고 있고, 다랑쉬오름을 비롯한 수많은 오름들은 능선의 굴곡을 부드럽게 만들어 내고 있다. 불어오는 바람은 상쾌하고, 다양한 크기의 밭들은 또한 다양한 색깔로 채색되어 있다. 한비야 씨도 알오름에서의 풍광을 세계 제1의 비경이라고 할 정도이다.

알오름을 지나 1코스 중반부터는 종달리 마을을 지나 해안도로를 따라 걷는다. 성산일출봉을 보며 걷는 시흥리 해안도로는 아스팔트길이라 지겹다고 느끼시는 분도 계신다. 주어진 시간이 많지 않은 분은 1코스 초반 4km정도만이라도 걸어보시기를 권한다.

1코스의 후반부는 성산일출봉을 눈앞에 두고 걷는다. 코스에는 포함되어 있지 않지만 성산일출봉을 올라가는 것도 좋은 선택이다. 1코스는 광치기 해변에서 끝나는데 광치기 해변에서 바라본 성산일출봉도 너무 멋지다.

제주올레 6코스, 유명 관광지도 많고 서귀포를 만날 수 있어 좋아.

6코스는 제주도의 대표적인 관광지인 쇠소깍, 정방폭포와 이중섭미술관, 천지연폭포, 세연교, 외돌개 등을 돌아볼 수 있는 구간이기에 더 좋다. 걷는 거리는 11km이지만 대표적인 관광지까지 둘러볼라치면 하루가 부족하다.

쇠소깍에서 출발하는 6코스의 초반은 보목포구와 구두미포구, 검은여 등 조용한 포구들을 걷게 되는데 섶섬이 코앞에서 친구가 되어준다. 6코스의 중간에 있는 정방폭포는 제주도의 대표적인 관광지이고 이중섭 미술관도 좋다.

제주올레 7코스, 가장 인기 있는 제주올레 코스

제주올레코스 중 어디가 가장 유명하고 좋으냐는 질문에 많은 분들이 7코스를 이야기하신다. 27개 코스 모두가 다 좋은 코스이지만 사람들이 가장 많이 찾는 코스는 7코스가 맞는 것 같다. 다른 코스와는 다르게 항상 7코스는 사람들이 많고 특히나 주말에는 초반 2km 정도는 사람들로 붐빈다.

7코스의 바다는 바라보고 있으면 '시인이 된 것 같다.'고 착각을 하게 만드는 제주 남쪽 바다이다. 범섬이 모양을 달리하며 호위하는 느낌도 준다. 그리고 아기자기하게 길을 만든 바닷가를 걷고 있노라면 동심으로 돌아가는 것 같다.

7코스 중반에 위치한 켄싱턴리조트(구 풍림콘도)에서 준비한 올레꾼들을 위한 여러 가지 배려도 인상적이다. 후반부는 바다를 보면서 걷기를 좋아하는 사람에게는 좋은 길이다.

제주올레 9코스, 몰질과 군산 마니아들 많아.

제주올레 코스 중 짧은 편인 11.8km이지만 그리 만만하지는 않다. 절벽인 박수기정을 오르고 오름을 하나 또다시 오르는 길이기 때문이다. 하지만 개인적으로 참으로 좋아하는 곳이고 9코스 마니아도 제법 있다. 짧지만 짧은 이유가 있으니 계획을 세울 때 하루에 두 코스를 걷고 싶다는 유혹에 빠지지 않는 것이 좋다.

9코스 초반 '몰질'은 과거 말들이 다니던 길이다. 몰질을 오르다 보면 원시림으로 들어가는 느낌이 들어 좋다. 코스가 변경되어 새롭게 9코스에 편입된 군산에서의 전망도 좋다. 후반부는 안덕계곡을 지나게 되는데 운치 있어 한참을 쉬었다가 가도 좋다.

제주올레 10코스, 개인적으로 가장 좋아하는 코스.

제주올레길이 다 좋지만 나에게 꼭 하나를 꼽으라고 하면 10코스를 선택한다. 산방산을 뒤로 하고 걷는 길도 좋지만 송악산이 너무 좋다. 폭발한 지 얼마 안 된 듯한 느낌을 그대로 간직한 분화구도 좋지만

가파도, 마라도까지 한눈에 들어오는 풍광이 너무 좋다. 10코스 중반 이후에는 제주역사를 직접 보고 느낄 수 있어 좋고 마지막은 지금을 살아가는 사람들을 만날 수 있어서 좋다.

10코스 전반은 화순해수욕장에서 시작하여 용머리해안을 지나 송악산으로 이어진다. 형제섬이 모양을 달리하며 친구가 되어주고 산방산은 든든한 후견인이 되어 준다. 제주도를 배경으로 한 광고에도 자주 등장하는 길이다.

그리고 만나게 되는 송악산은 최고다. 제주에 살 때는 육지손님들이 오면 송악산에 자주 가곤 했다. 탁 트인 바다도 좋지만 어린아이들도 부담 없이 오름을 오르고 산책길을 걸을 수 있기 때문이다. 마라도를 눈앞에서 보면 모두들 좋아한다. 바로 앞 형제섬과 가파도도 손에 잡힌 듯 멋지다.

후반부 셋알오름과 알뜨르 비행장에서는 제주의 과거를 배울 수 있다. 제주올레를 통해 제주의 역사를 알게 되는 기회가 많은 편인데 특히나 10코스는 의미가 더하다. 한참을 과거 속에서 헤매다가 만나는 모슬포는 현재를 살아가는 사람들의 공간이라 타임머신을 탄 것 같은 착각에도 빠진다.

제주올레 10-1코스, 파도에 파도가 더해져 가파도

　10-1코스는 아무 때나 갈 수 있는 곳이 아니다. 배를 타고 들어가야 하는 곳이니 날씨영향을 받기 때문이다. 사전에 반드시 배 운항을 확인해야 한다. 뱃멀미를 하시는 분은 다소 불편할 수 있지만 가파도로 들어가는 배에서 바라본 제주 본섬은 아주 멋지다. 한라산을 최고봉으로 송악산, 산방산, 단산, 군산 등이 파노라마처럼 펼쳐진다.

　10-1코스는 가장 짧은 올레길이다. 4.2km밖에 안 되는 코스라 산책하듯이 걸을 수 있다. 섬의 최고점이 해발 20.5m밖에 되지 않으니 거의 평지이다. 바람이 많이 불어서 불편할 수 있지만 날씨만 잘 선택한다면 올레코스 중 가장 편한 길이다. 특히나 청보리가 한창인 봄에 방문한다면 금상첨화일 것이다.

🐎 제주올레 12코스, 생이기정길은 제주올레 3대 비경

수월봉에서 엉알길을 거쳐 생이기정에 이르는 구간은 내가 꼽은 올레구간 최고의 구간이다. 10코스의 송악산, 1코스의 알오름과 더불어 내가 꼽는 제주올레 3대 비경이다.

12코스의 전반부는 농로를 지나 마을을 지난다. 내륙으로 들어왔던 길은 바다로 이어진다. 그리고 수월봉에 도착하면 멋진 차귀도가 맞이한다.

수월봉에서 당산봉으로 이어지는 엉알길은 세계가 인정한 자연유산이다. 당산봉을 지나 생이기정길을 걸으며 차귀도를 보는 것도 멋지다. 요즘도 종종 머릿속에서 생이기정길을 걷는다. 생이기정길만 생각하면 난 항상 미소 짓는다. 차귀도 일몰도 멋지니 시간 맞춰 가는 것도 좋다.

제주올레 15-A코스, 제주의 숨은 보석 금산공원

바닷가에서 출발한 15-A코스는 이내 내륙으로 들어와서 농로를 지난다. 한참을 밋밋한 길을 걷다가 중간지점에서 만나는 금산공원은 실로 놀라움의 극치이다. 처음 난대림을 접하면 신대륙을 발견한 콜럼버스가 된 기분이다. 단언컨대 금산공원은 제주도의 숨은 보석이다. 금산공원에 홀로 한동안 앉아 있으면 고요함에 나무 한 그루, 풀 한 포기의 생명이 느껴진다. 숲속에서는 항상 그러하듯 바람소리와 새소리가 친구가 되어준다.

후반부는 과오름의 둘레길과 고내포구로 가는 길에서 숲길의 포근함을 만날 수 있어 좋다. 길은 다시 바다로 이어지는데 마지막 부근에서 잠시 올레길 근처의 연화지와 더럭 분교에 들러보는 것도 좋다.

🐴 제주올레 16코스, 바다와 오름과 숲길의 종합선물세트

16코스는 역주행으로 걸으면 더 편한 코스이다. 정방향의 후반부는 약간의 오르막이기 때문이다. 16코스의 전반부는 참으로 좋은 풍광을 가졌다. 유명한 드라이버 코스이기도 한 고내포구에서 구엄포구까지의 구간은 시간가는 줄 모르게 지나간다.

16코스의 후반부는 중산간으로 향하는 오르막 구간이다. 수산봉을 지나면 제주도에서 보기 힘든 저수지를 만나고, 감귤밭 사이 길을 지나면 항몽유적지가 나타난다. 16코스 중간지점인 항목유적지에서 종점까지는 숲길이라 또 다른 느낌이다. 날씨가 좋은 날은 한라산 정상을 보며 걷는 재미가 쏠쏠하다.

🐴 제주올레 18-1코스, 쉽게 가기는 힘들지만 추억이 많이 만들 수 있는 추자도

18-1코스 추자도는 제주본섬의 올레와는 색다른 면이 많다. 제주도와는 완전히 다른 육지 같은 느낌을 준다. 또한 길지 않은 거리이고, 산을 몇 개를 넘어야 되는 험난한 코스이다. 18-1코스는 바다를 항상 옆에 두고 걷는 길이라 마음이 푸근하다. 또한 숲길이 많아서 걷는 동안 땅이 주는 쿠션감에 행복하다.

18-1코스 전반부는 봉글레산을 오르고 다시 마을로 내려와 등대로 오른다. 사방으로 펼쳐진 바다가 가는 곳마다 풍경을 달리하며 아름다움을 자랑한다.

후반부는 숲길도 참으로 좋고, 돈대산 정상에서 바라본 풍경은 지금도 잊을 수가 없다.

🐴 제주올레 20코스, 바람과 함께 걷는 길

20코스를 떠올리면 바람이 항상 생각난다. 행원리 근처의 많은 풍력발전기 때문이기도 하지만 20코스를 걸으면 항상 바람과 함께 걷기 때문이다.

20코스 전반은 김녕에서 출발하여 줄곧 바다로 걷는다. 하얀 백사장이 아름다운 해수욕장을 지나고, 젊은이들에게 가장 인기가 많은 월정리 해변까지 참 바람이 많은 곳이다. 하지만 그 바람은 기분 좋은 바람이다. 곳곳에 아름다운 설치미술 작품까지 감상하며 걷는다.

20코스 후반부는 마을과 농로를 지난다. 그리고 세화 해녀박물관으로 이어진다.

🐎 제주올레 21코스, 437km 넘는 대장정의 마지막.

　드디어 마지막이다. 437km의 먼 길도 결국에는 마지막이 존재한다. 그리고 다시 처음으로 이어진다. 제주도 전체를 한 바퀴 돌아 다시 처음이다.

　21코스 전반부는 농로를 지난다. 그리고 다시 바다로 이어진다. 조용한 해수욕장을 지나고 지미봉으로 이어진다. 지미봉에서 바라본 우도와 성산일출봉은 최고다. 1코스 알오름에서 보았던 감동은 다시 이곳에서도 이어진다. 그리고 종달바당이다. 이렇게 하여 시흥리에서 시작한 제주올레가 종달리에서 끝나게 된다.

4. 제주도의 보배는 제주올레

　제주올레길은 우리나라 도보여행의 시작이라 할 수 있다. 우리나라의 걷는 열풍을 일으킨 주역이자 지금도 살아있는 전설로서 많은 사람들이 찾는 우리나라 대표적인 트레킹 코스이다.

　10여년 전 TV에도 여러 번 소개되고 입소문이 더해지면서 제주올레길이 사람들에게 너무나 큰 사랑을 받고 인기가 높아지자 전국에 많은 곳에서 트레킹 코스가 개발되었다. 너무나 많은 길들이 만들어져서 전국에 400개가 넘는 길들이 생겼다고 한다. (많은 코스가 생겨서 걷는 기회가 많아져서 좋지만 제대로 관리 안 되는 길들이 많아진 것도 한편으로는 문제이다.) 그 많은 길들이 제주올레길 덕분에 생겼다고 해도 과언은 아닐 것이다.

🐴 27개 코스 완주가 목적이 아니라 걷는 것 자체가 좋을 때 걷는 것이 좋아.

　'제주올레는 걸어서 여행하는 이들을 위한 길'이다. 온전히 걷는 사람들만을 위한 길, 걷고 싶은 만큼 걸을 수 있는 긴 길이 제주에 꼭 필요하다고 생각해서 만들었다고 한다.

　전체 27개 코스가 있다. 짧게는 4.2km(10-1코스)에서 긴 코스는 20.9km(3-A코스)인데 보통 15km 전후이다. 각자의 걸음속도로 편하게 걸으면 되는데 내 걸음으로는 한 코스에 평균 4~5시간 정도 소요된다.

　제주올레길은 정방향(시작점에서 종점으로 가는 방향)이나 역방향으로 걸으면 된다. 정방향은 제주도를 시계방향으로 걷는 것이며 파란색 화살표를 따라 걸으면 된다. 역방향은 주황색 표식이다.

　　길을 찾는 건 그리 어렵지 않다. 파란색과 주황색으로 이루어진 리본이 나뭇가지에 많이 매달려 있고, 길바닥이나 돌담, 전신주에 화살표가 잔뜩 그려져 있다. 갈림길에서는 크게 나무화살표나 간세가 있어 헷갈리지 않는다. (그래도 도중에 길을 잃어버리는 경우가 있는데 그런 경우에는 리본이 보일 때까지 왔던 길을 되돌아가는 것이 가장 좋은 방법이다.)

🐎 제주올레길을 처음 가시더라도 안내 표식만 잘 찾으면 돼.

　제주올레길을 걸을 때 주의해야 할 점은 무엇보다 안전이다. 도착시간을 고려하여 출발하는 것이 좋고 너무 이른 시간은 피하는 것이 좋다. 인적이 드문 코스를 갈 때는 홈페이지(http://www.jejuolle.org)를 활용하여 동반자를 구하는 것이 좋다. 경로를 이탈하여 가파른 계곡이나 절벽으로 가는 것은 안 되고, 도로변을 지날 때는 차 조심을 해야 한다.
　또한 제주올레를 걸을 때 에티켓도 필요하다. 쓰레기를 버리지 않는 것은 기본상식이고, 귤이나 농작물을 가져가는 것은 절도행위이다. 사유지 농장을 지나갈 때는 문단속을 잘해야 하고, 남의 화장실을 이용할 때는 사전에 양해를 구하고 깨끗이 사용해야 한다.

제주올레 1-1코스, 걸어서 둘러보는 우도는 또 다른 세상.

우도는 그 자체로도 좋은 곳이다. 많은 관광객들이 찾는 유명한 곳으로 하루 종일 시간 내서 둘러봐도 시간이 부족하다고 느껴지는 곳이다. 산호초가 부서져서 만들어진 해변도 좋고, 넓은 모래해안가에서 아이들과 계속 놀아도 좋다. 우도등대에 올라 바다를 바라보는 것도 좋고, 검은 모래해안가 한편에 있는 동굴 속에 들어가서 노래를 불러도 좋다.

우도의 올레길은 전체 길이 11.3km로 생각보다 길어서 만만하게 봐서는 안 된다. 대부분의 사람들이 오토바이나 자전거, 자동차로 둘러보는 상황이라 혼자 걷고 있으면 조금 외롭다는 생각이 들기도 한다. 하

지만 걸어서 우도를 둘러보면 완전히 다른 세상을 만나게 된다. 우도를 좀 더 잘 알고 싶다면 올레길을 걸어 보라고 권유 드린다.

특히나 우도에서 좋은 곳은 바다이다. 우도바다는 산호초 같은 하얀 해변과 검은 돌과 흙으로 이루어져 두 가지 색상을 동시에 보여준다. 7코스에서의 제주 남쪽바다, 10-1코스에서의 서남쪽 바다, 14코스에서의 서북쪽 바다, 16코스에서의 제주 북쪽 바다도 좋지만 1-1코스에서 바라본 제주바다는 어디와 비교해도 뒤처지지 않는다.

또한 우도에서 바라보는 동쪽의 제주 풍광은 성산일출봉을 필두로 가까이는 알오름부터 멀리 한라산까지 최고이다.

제주올레 2코스, 새소리를 들으며 사색하며 걸을 수 있어.

2코스는 걷는 것이 주는 기쁨을 한껏 느낄 수 있는 코스이다. 인기가 많지 않고, 유명한 관광지가 포함된 코스가 아닌지라 사람들이 붐비는 곳이 아니기 때문이다. 한적하게 걸으며 사색하며 새소리를 즐길 수 있는 곳이다. 철새도래지를 바로 옆에서 지나기 때문에 겨울에는 특히나 많은 새를 볼 수 있다.

2코스 초반은 1코스처럼 성산일출봉을 보며 걸을 수 있는 한적한 길이다. 내수면 둑길로 한참을 이어지는 길은 언제 어느 곳에서 멈추어 주위를 둘러봐도 좋다. 가까이 성산일출봉이 든든한 버팀목처럼 지키고 있어 아침 일출을 걸으면서 맞이하는 것도 색다른 경험이다. 철새도래지로 유명하여 많은 새들도 걷는 동안 친구가 되어 준다.

2코스 후반은 주택가를 지나 오름길로 이어진다. 대수산봉과 혼인지를 지나 내륙을 걷는 길은 온평포구의 바닷가에서 끝이 난다. 대수산봉은 제주 동쪽을 관망할 수 있는 좋은 곳으로 섭지코지가 한눈에 펼쳐져 아름답다. 온평포구의 바다는 제주 어느 바다보다 조용하고 평화롭다.

제주올레 3-A코스, 길은 중산간으로 이어지다 다시 바다로.

3-A코스는 거리가 길어(20.9km) 한 번에 완주하는 것이 힘들 수도 있는 구간이다. 중간지점인 김영갑 갤러리에서 작품에 빠지게 되면 시간이 많이 필요하기도 하고 신천바다목장의 풍광에 취해 생각에 잠기면 더 많은 시간이 필요하기 때문이다. 사람들이 많이 찾지 않는 3-A코스이지만 길을 걷는 의미를 제대로 느낄 수 있는 코스이다.

온평포구에서 시작한 3-A코스는 통오름을 향해서 중산간으로 올라간다. 마을을 지나 통오름에 도달하면 언제나 그렇듯 제주 오름이 주는 포근함을 만끽할 수 있다. 연이어 이어지는 독자봉은 전망보다는 숲길의 폭신함을 느낄 수 있다.

중간기점에는 김영갑갤러리 두모악이 있는데 개인적으로 좋아하는 곳이다. 아픈 사연(루게릭병)을 간직한 사람이기에 왠지 그의 메시지는 가슴깊이 다가온다. 제주사랑이 유별났던 그를 통해 나를 본다.

3-A코스의 후반부는 내리막이다. 밭들을 걸어 내려오면 신천신풍바다목장이 장대하게 펼쳐져 있는데 겨울에는 감귤을 말리는 모습이 너무 아름답다. 3-A코스의 종점인 표선해수욕장은 너무나 거대한 해변에 감탄을 연발하게 된다. 신발을 벗고 걸으면 더욱 좋다.

🐴 제주올레 4코스, 길어서(19km) 지겹다고는 하지만 명상하기 좋아.

　4코스는 너무 길어서 힘들 수 있다. 또한 몇 군데를 제외하고는 대부분 시멘트길이나 아스팔트길로 이루어져서 걷기에 지겹다는 느낌을 받기도 한다. 하지만 바다를 보며 생각을 정리하고 싶은 분이나 동반자와 이야기를 많이 하고 싶으신 분들에게는 적당한 길이다.

　표선해수욕장에서 시작하는 4코스는 중간까지 바다를 보며 포장도로를 걷는다. 해비치 리조트 앞 해안가는 정비가 잘 되어 있어 바다를 느끼기에 참 좋다. 후반부는 마을을 지나 바다로 이어져서 한적하다.

🐎 **제주올레 5코스, 큰엉 지나면 한적해서 걷기 좋아.**

　5코스는 인기가 많은 곳이 아니라서 찾는 이가 적지만 한적한 쪽빛 제주 바다를 보고 싶다면 좋은 곳이다. 코스도 13.4km로 길지 않아 부담되지 않고, 소담스런 길들이 많아 바다를 바라보며 오랫동안 생각에 빠져들기 좋은 곳들이 많다.

　5코스 초반은 우리나라에서 가장 아름다운 해변 산책로라고 평가받는 큰엉이 있어 사람들이 제법 있다. 바다 색깔도 제주도 어디보다 더 없이 예뻐서 연인이나 가족과 걷기에 참으로 좋은 곳이다.

　중반 이후는 조용하게 걷는다. 마을도 지나고 해변도 지나고 과거 군 초소가 있었던 곳도 지난다. 종점인 쇠소깍은 바다와 강이 만나는 이색적인 곳으로 제법 넓고 깊어 테우(통나무배)를 타고 투명카약을 탈 수 있어 좋은 경험이 된다. (운영여부는 사전에 확인이 필요합니다.)

🐴 **제주올레 7-1코스, 서귀포시가 한눈에 들어오는 고근산과 비 온 후 가면 더 좋은 엉또폭포.**

　7-1코스는 고근산을 위한, 고근산의 코스이다. 서귀포 칠십리가 한눈에 들어오는 고근산에서의 풍광은 좋다. 앞쪽 서귀포 남쪽 바다, 뒤쪽으로는 한라산, 좌우로 마라도와 지귀도까지 한눈에 펼쳐진다.
　7-1코스의 또 하나의 비경인 엉또폭포는 고근산을 오르기 전에 있는데, 비가 제법(중산간에 70mm 이상) 오고 난 뒤에 가야 폭포를 볼 수 있다. 평소에는 폭포를 볼 수 없으니 스케줄 짤 때 참고해야 한다.

　7-1코스를 시작하여 주택가를 지나 엉또폭포를 지나면 본격적인 고근산 등반이다. 산이라는 이름이지만 그리 높지는 않다. 하지만 제주도의 다른 오름에 비해서는 다소 힘들 수 있다. 그래도 고근산 정상에서의 풍광은 모든 피로를 날려버리게 한다.
　고근산을 내려와 마을을 지나면 하논분화구로 이어진다. 제주도에서 보기 힘든 벼농사를 볼 수 있는 곳이다.

🐴 **제주올레 8코스, 다양한 멋진 모습을 보여주는 아름다운 길.**

　8코스는 사람들을 많이 만날 수 있는 코스이다. 주상절리와 중문해수욕장 등 유명한 관광지를 지나기 때문이다. 하지만 중문 관광단지를 지나면 완전히 다르게 조용히 걸을 수 있는 코스이다. 종착지인 대평포구는 박수기정 모습에 입을 다물 수 없을 정도로 아름답다.

　8코스 초반에 있는 주상절리는 제주도 7개 비경 중 하나로 언제 봐도 신기하고 예쁘다. 베릿내오름을 걷는 길도 좋고 중문해수욕장의 모래사장을 걷는 기분도 좋다. 중문의 호텔들 정원에서 바라보는 바다모습도 좋다.

    8코스 후반은 갑자기 조용해진다. 그 많던 사람들이 없어져 버린다. 그래서 대평포구까지 조용히 걷기 좋은 곳이다. 시원한 논짓물에서 발도 담그고, 한라산도 뒤돌아보면서 걷다 보면 멋진 박수기정이 나타난다.

🐎 **제주올레 11코스, 곶자왈은 제주의 비경. 최고의 곶자왈을 만날 수 있어.**

제주를 떠올릴 때 많은 이들이 바다를 생각하고 바다를 좋아한다. 하지만 개인적으로는 11코스 후반부의 곶자왈이 너무 좋다. 사계절 푸른빛으로 가득한 곳, 반짝이는 햇살이 나뭇잎 사이로 비치면 천국이라 착각이 드는 곳이다. 14-1코스에도 곶자왈이 있지만 이곳이 난 더 좋다.

11코스의 전반은 모슬포항에서 시작하여 모슬봉을 넘어 농로를 걷는 길이다. 모슬봉에 올라서면 제주의 서남쪽을 한눈에 감상할 수 있다.
후반부의 곶자왈은 최고 그 자체이다. 곳곳에 장소 설명이 곁들여져 있으며, 새소리도 많고, 고사리 등 식물분포도 다양하다. 나무들 사이를 뚫고 내비치는 햇살의 풍경은 포근하고 신비롭다.

🐎 **제주올레 13코스, 역주행하면 더 좋은 길. 저지오름 강력 추천.**

13코스는 다시 내륙으로 들어가는데 약간은 오르막이라 역주행하는 것이 더 편할 수 있는 코스이다. 막바지에 위치한 저지오름은 13코스의 최고 하이라이트 구간이다.

용수포구에서 시작하여 특전사숲길, 고사리숲길을 지나고 농로를 지나면 어느덧 저지오름에 도착한다. 다른 코스의 농로가 조금 지겨운 느낌이라면 13코스의 농로는 지루할 틈을 주지 않는다.

후반부의 저지오름은 매우 좋은 오름이다. 오름을 둘러가면서 조성된 산책로는 푹신푹신하고, 흙을 밟는 상쾌한 느낌이 전해진다. 숲과 하나 되는 느낌을 주는 등산로이고, 정상에서 바라본 오름들과 바다와 한라산은 정말 신선하다.

제주올레 14코스, 비양도를 계속 보고 걸어.

14코스는 전반은 한적함을, 후반은 멋진 바다를 보며 걷는 길이다. 점점 다가오는 비양도를 보고 걷노라면 꼭 한번 비양도에 가보고 싶어진다.

14코스 전반은 내리막이라 편하지만 전반은 돌들이 많은 길이라 주의해야 한다. 농로와 숲길과 건천을 옆에 두고 걸으면 조용하고 아늑하다는 느낌을 받는다.

후반부는 바다를 끼고 걷는 바당올레이다. 월령포구의 선인장 자생지도 인상적이다. 걷다보면 비양도가 모양을 시시각각 달리하는데 가까워지면서 더 아름답게 보여 미인도를 감상하는 착각도 든다. 특히나 금능해수욕장부터 협재해수욕장으로 이어지는 구간은 가히 환상적이다. 이토록 고운 모래를 가진 해수욕장은 없으며 검은 현무암과 어울려져 더욱 빛난다. 제주 최고의 해수욕장임에 손색이 없다.

제주올레 14-1코스, 곶자왈의 진수를 계속 걷는다.

14-1 코스의 곶자왈을 다녀오고 나면 올레길의 매력에 빠져버린다. 푹신푹신한 길은 걷는 이를 기분 좋게 만들고, 제각각의 돌들은 걷는 리듬을 단순하지 않게 만들어준다. 끝이 없이 이어지는 숲길에서 원

시림을 걷는 기분을 만끽할 수 있다. 초반 5km 정도를 제외하고는 숲이 이어지고 인적이 많지 않으니 안전에 유의해야 한다. 핸드폰도 안 될 수가 있으니 혼자서는 가지 않는 것이 좋다.

문도지오름부터는 완전한 곶자왈이다. 원시림 같은 숲길을 걷다가 갑자기 오설록을 만나면 문명세계를 만난 기분이 든다.

제주올레 17코스, 간세등대를 지나 제주시로 들어가.

17코스의 전반은 무수천, 알작지, 이호테우해변 등 한적한 자연과 마주할 수 있다. 걷는 기쁨을 마음껏 누릴 수 있는 곳이다. 특히나 이호태우해변에는 간세모양을 한 등대가 두 개 있는데 올레꾼들에게는 참 기분 좋은 곳이다.

17코스의 후반부 도두봉에서 용두암으로 이어지는 해안도로 코스는 북쪽 제주바다의 시원함을 만끽할 수 있는 구간이다. 도두봉에 오르면 이착륙하는 비행기가 한눈에 들어와 재미있다. 또 용두암에서는 넘쳐나는 관광객들이 같은 곳에서 다양한 포즈로 사진을 찍는 모습을 보는 것도 재미있다. 코스 마지막의 동문시장을 둘러보면 현재를 살아가는 제주 사람들의 모습이 감동적이기까지 하다.

제주올레 18코스, 제주의 현재와 과거가 공존.

제주 북쪽 바다를 보며 걷는 18코스는 포구와 농로, 그리고 마을들을 지나 조천 만세동산으로 이어지는데 과거 제주의 중심지로서 옛사람들의 정취를 느낄 수 있는 곳들이 많은 특징이 있다.

18코스의 초반에 동문시장은 언제가도 활기차고 기분 좋은 곳이다. 그리고 사라봉을 지나 별도봉 둘레길을 걸으면 시원한 바다와 거대한 제주항에서 현재를 살아가는 사람들의 모습을 많이 본다. 사라봉과 별도봉을 잇는 길은 제주시민들의 사랑을 받는 곳이라 많은 이들을 만날 수 있다. 곤을동 마을터를 지나 화북을 거쳐 조천으로 이어지는 길은 제주 과거를 엿볼 수 있는 길이다. 아픈 과거와 지난 시대의 역사적 의미가 큰 장소들이 많다.

제주올레 19코스, 사람들과 함께 이야기하며 걸으면 더 좋아.

19코스는 바다, 숲, 밭, 마을로 이어지는 다채로운 풍경을 볼 수 있는 코스이지만 조금 지루할 수도 있는 구간이다. 하지만 걷는 것에 집중할 수 있게 되면 올레길을 걷는 본연의 목적을 달성할 수 있는 코스이다.

　19코스의 전반부는 주로 바다를 보면서 걷게 된다. 함덕서우봉 해변은 정말로 멋진 곳이다. 특히나 서우봉에서 바라본 전경은 최고이다. 19코스의 후반부는 나지막한 오르막으로 올라가면서 숲과 밭을 경유한다.

제주의 보물은 오름

III. 제주의 보물은 오름

1. 제주만의 보물, '오름'을 강력 추천 드립니다.

　　한라산과 제주올레를 어느 정도 충분히 만끽한 후 내가 세 번째로 선택한 것은 '오름'이었다.

　　제주에는 오름이라는 보물이 있다. 오름은 작은 소화산체를 말하는데 육지로 치면 낮은 산이라고 보면 된다. 오르는 데 5분도 안 걸리는 오름도 있고, 30분 넘게 소요되는 오름도 있다. 어떤 오름은 산이라고 하는 게 맞는 것 같고, 어떤 오름은 뒷동산이라고 해도 어색하지 않다. 제주도는 화산폭발로 만들어진 섬인데 가장 높은 분화구가 백록담이고, 작은 화산들이 여기저기서 터져 나왔는데 그 분화구로 인해 만들어진 작은 화산체들이 오름이다. 제주에는 총 368개의 오름이 있다고 알려져 있는데, 트레킹 하기 좋은 곳은 100여 군데이다. 나는 7년을 살면서 110군데 정도의 오름을 다녔는데 그 이상은 위험해서 못 다닐 것 같아 그만두었다. 길도 제대로 없었고, 인적이 드문 오름에서 멧돼지를 만난 뒤부터는 조심해야겠다는 생각이 들어서였다. 사람들이 즐겨 찾는 오름은 대략 50개 정도인데 정말 제주의 보석이라는 표현이 맞다 싶을 정도로 감동으로 다가오는 곳들이다.

　오름을 처음 접한 것은 제주올레를 통해서였다. 제주올레길을 걷다 보면 한 코스에 한두 개씩 오름을 만난다. 길도 잘 정비되어 있고, 지역주민들이 산책하는 곳이라 편하게 오를 수 있다. 대부분 5~15분만 오르면 정상에 도착하는데 그곳에서 맞이하는 제주바람은 참으로 시원하다. 전망 또한 그림이 따로 없을 정도로 아름답다. 그렇게 오름을 알게 된 나는 제주올레길을 완주하고 난 뒤 본격적으로 오름 탐방에 나섰다.

오름을 선택한 이유는 여러 가지가 있다. 그 이유란 힘들지 않게 부담 없이 올라갈 수 있고, 좋은 흙길이고, 너무나 아름다운 풍광을 만끽할 수 있고, 자연과 하나 될 수 있고, 아이들도 쉽게 오를 수 있고, 맑은 공기와 푸른 하늘을 마음껏 즐길 수 있다는 점 등이다.

오름은 조금만 올라가면 정상이어서 부담되지 않았다. 산을 좋아하지만 가끔씩은 1,000m 이상의 높은 산을 4~5시간씩 힘들게 올라가는 것이 망설여졌는데, 그에 비해 오름은 조금만 올라가도 정상에서의 성취감을 만끽할 수 있는 좋은 장소이다.

더구나 대부분 흙길이어서 길을 걷는 느낌이 너무 좋았다. 특히나 제주도의 흙길은 육지와 다르게 쿠션감이 있어 푹신푹신했고, 딱딱하지 않고 부드러웠다. 자갈들이 많으면 걸을 때 항상 걸음에 신경 써야 되는데 흙길을 걷고 있노라면 걷는 행복감을 느낄 수 있다.

또한 오름은 뛰어난 풍광을 선물로 주었다. 오름 정상에서 바라본 제주는 완전히 다른 세상이었다. 심지어 이국적이기까지 했다. 초원이 펼쳐지고, 논이나 밭이 아닌 자연 그대로의 모습이었다. 저 멀리 시원스럽게 펼쳐진 바다와 오름들의 매끈한 굴곡과 너무나 시원한 바람이 온몸을 휘감을 때는 환상의 세계에 빠진 착각이 들 정도였다.

결국 368개의 오름 중 110개의 오름을 걸었다. 오름을 즐기는 데는 그리 많은 시간이 필요하지 않아 하루에 2~3개 오름을 연달아서 걸었다. 오름과 오름의 거리가 멀지 않아 연이어 걷기에 좋았다. 휴일 오후에는 가족과 함께 시간을 보내기 위해 주로 새벽에 갔으며 가족보다는 혼자일 때가 많았다. 하지만 가족과 함께 오름을 즐겼던 시간도 많았다. 돌이켜 생각해보니 가족과 함께한 오름투어는 이십여 번이 되는 것 같다.

🔺 너무나 좋은 제주 오름들이 많아.

내게 가장 좋았던 오름은 '따라비오름'이다. 가시리에 있어 가기가 불편하여 사람들이 즐겨 찾지 않는 곳인데, 그래서인지 느낌이 참으로 좋았다. 분화구도 세 개가 모여 있어 독특한 모양이고, 정상에서 보이는 탁 트인 제주풍경은 색다름을 느끼게 해 주었다.

많은 사람들이 가장 흔히 찾는 오름은 '용눈이오름'이다. 능선이 아름다워 사진작가들과 여행객들이 많이 찾는 오름인데, 지인과 함께 새벽에 올라 일출을 봤던 감동은 아직도 잊을 수가 없다.(최근 휴식년제로 지정되었다.)

내가 가장 많이 갔던 오름은 오름의 황제 '어승생악'이다. 장인어른과 둘이서 일출을 보러 가기도 했고, 가족 모두 다 함께 자연해설사의 설명을 들으며 30분 거리를 1시간동안 걸어 올라간 적도 있다. 또 한번은 눈 많이 온 다음날 가족 모두 어승생악을 올라 눈꽃세상을 만끽했다. 어승생악 정상에서는 날씨가 좋은 날에 추자도와 우도까지 보일 정도로 시야가 좋은데, 한번은 어승생악을 올라 구름바다 위의 풍광을 본적도 있다.

육지에서 오신 지인들과 자주 찾는 곳은 거문오름이다. 사전신청하면 자연해설사 설명까지 들을 수 있고, 한 시간 정도의 트레킹 후 세계자연유산센터까지 둘러볼 수 있어 제주를 소개하는데 이보다 더 좋은 곳이 없다. 미리 예약을 해야 하는 번거로움은 있지만 아이들 교육에 무척이나 도움이 된다.

결혼기념일에 아내와 함께 가서 안개 속에서 헤맸던 새별오름도 좋았고, 온 가족이 보름날 밤에 올라 반딧불이를 봤었던 다랑쉬오름도 좋았으며, 직장동료들과 눈 오는 날 다 같이 갔던 노꼬매오름도 좋았다. 부산에서 오신 이모와 이모부를 모시고 올랐던 백약이오름도 기억에 남고, 올레길만 함께 걷는 지인과 우연찮게 갔었던 동검은이오름도 기억에 남는다.

자동차로 정상까지 오를 수 있었던 금오름도 인상적이었고, 산정호수가 통째로 얼어버린 겨울에 얼음 위를 걸었던 사라오름도 인상적이었다. 새벽에 출발하여 오름 입구에서 동틀 때까지 기다렸던 안돌오름과 노루 울음소리에 깜짝 놀랐던 채오름도 잊을 수 없다. 그리고 세계 제일의 풍광인 제주올레 1코스의 알오름의 첫 느낌은 영원히 기억될 것이다.

2. 제주 오름 베스트 12

🔺 일출도 장관인 용눈이오름

여러 오름 중 처음으로 어디를 갈까 고민하다가 제주올레 3코스 두모악에서 알게 된 용눈이오름을 선택했다. 사진작가 김영갑 씨가 즐겨 찾았다는 용눈이오름은 그만한 이유가 있다. 그 어떤 오름들보다 오름의 능선이 예술이어서 누가 찍어도 아름다운 사진을 얻을 수 있다.

그래서인지 새벽 6시가 되기 전임에도 많은 이들이 사진기를 들고 오름 여기저기를 거닌다. 일출 또한 아름다워 그럴 수밖에 없다. 중산간 지역의 오름을 처음 접하는 나였기에 용눈이오름을 오르며 너무나도 많은 감탄사를 연발했다. 용눈이오름을 오르면서 자주 보게 되는 소똥이 다소 마음에 들지는 않았지만, 여기저기서 풀을 뜯고 있는 소들은 또 하나의 풍경이 된다. 군데군데 자리를 잡은 묘와 산담도 그림의 일부가 되기도 한다

좋은 기억 중에 하나를 끄집어 내보면, 용눈이오름을 지인과 새벽에 갔던 적이 있었다. 국립암센터 전임의 과정을 함께한 지인이 갑자기 제주로 혼자 여행을 왔다. 그래서 첫날은 함께 어승생악을 올랐는데 다음날 일정이 미정이라는 말에 내가 아침 일출을 보러가자고 제안했고, 성산일출봉으로 가다가 용눈이오름으로 방향을 바꾸었다. 그리곤 우리는 잊지 못할 아침일출을 용눈이오름에서 맞이했다. 눈을 뗄 수 없는 그 일출로 지금까지도 고맙다며 인사를 받는 건 비밀 아닌 비밀이다.

🔺 오름의 여왕인 다랑쉬오름

다랑쉬오름은 오름의 여왕이라고 불리는 곳으로, 제주오름의 대표적인 곳이다. 그래서 제주 동쪽에 위치한 오름들 중 랜드 마크로 꼽히는 곳이다. 다소 가팔라서 오르기 힘든것이 단점이다.

다랑쉬오름 정상에서 바라본 제주 동쪽의 풍경은 가히 압권이다. 다랑쉬오름 정상 능선에서는 제주 동쪽의 대부분의 오름들이 360도 돌

다랑쉬오름

아가면서 한눈에 들어온다. 그래서 아침이면 인근 게스트하우스에서 단체로 오름투어를 자주 하곤 한다.

혼자 간 적도 몇 번 있지만 다랑쉬오름을 가족들과 함께 갔을 때도 잊을 수가 없다. 해질녘 올라 저녁노을을 즐겼는데, 어둠이 짙어지자 반딧불이들이 하나 둘 나타나 주변을 환하게 비추어 아이들은 춤을 추듯 뛰어 다녔다. 마치 동화 속 한 장면을 그리는 듯 했다.

다랑쉬오름을 가면 바로 옆에 있는 아끈다랑쉬오름도 꼭 들른다. 5분 만에 정상에 도달하기 때문이기도 하지만 아끈다랑쉬오름에서 바라보는 용눈이오름의 모습에 곧잘 매료되기 때문이기도 하다. 특히 가을에 가면 억새가 장관이라 더욱 좋다.

🔺 TV나 영화에 자주 등장하는 아부오름

아주 가끔 TV에서 제주의 오름이 등장할 때 자주 나오는 곳 중에 하나가 아부오름이다. 5분이면 정상에 도달할 정도로 접근성이 좋기 때문이기도 하지만, 풍광이 독특하면서도 인상적이기 때문일 것이다. 영화 '이재수의 난'과 '연풍연가'에도 등장했던 곳이다.

아버지가 가부좌를 틀고 앉아 있는 모습이라고 해서 이름이 붙여졌다는 아부오름은 앞오름이라는 다른 이름도 갖고 있다. 그래서 아부오름을 찾는 이들은 오름 입구 큰 돌에 새겨진 앞오름이라는 이정표를 보고 아부오름이 아니라고 생각하기 쉽다. 나 역시도 그러했다.

5분 만에 올라간 아부오름의 정상에서 난 순식간에 아부오름에 빠져버렸다. 흡사 산굼부리를 보듯 너무나 깊게 패어진 분화구는 환상적이다. 정상 높이보다 더 깊이 패인 분화구 안에는 삼나무가 심어져 있고, 여기저기 소들이 줄지어 이동하며 풀을 뜯고 있다. 그런 모습을 보고 있자면 외국에 온 것 같고, 너무나 평화롭다.
　또한 아부오름은 정상 능선을 따라 한 바퀴 돌아볼 수 있는데 평지라서 천천히 걸어도 30분이면 걸을 수 있지만 꿈길을 걷는 듯한 느낌에 시간을 잊어버리게 된다. 왜 이토록 아름다운 오름이 아직도 제대로 된 평가를 받지 못하고 있는지 이해하기 힘들 정도이다. 산굼부리는 만 원에 가까운 비싼 입장료를 내고 들어가서 능선도 걷지 못하고 사진만 찍고 오는데 이보다 훨씬 더 좋은 아부오름은 아직 대부분의 사람들이 모른다. 그래서 아부오름은 제주도 방문 지인들에게 꼭 소개해 주고 싶은 오름이다.

아부오름

🔺 백 가지 약초가 있다는 백약이오름

백 가지 약초가 난다고 이름이 붙여진 백약이오름은 오름 주위와 등산로 주위에 펼쳐진 들판이 멋지다. 그리고 흡사 백록담을 연상케 하는 분화구도 매우 인상적이다. 정상에 올라 능선을 따라 한 바퀴 돌면서 주위의 많은 오름들의 모습을 볼 수 있어 더욱 좋다.

성산일출봉으로 가기 위해 지나가는 '오름사이로' 길가에 있어 접근성도 좋고, 오름 입구에 주차장도 마련되어 있어 편하다. 언젠가 육지에서 지인들의 제주 방문에 성산일출봉을 가게 되었는데 도중 잠시 백약이오름을 들렀었다. 함께하신 분들이 성산일출봉보다 오히려 백약이오름이 더 좋았다고 말씀하셔서 당황스러우면서도 은근 뿌듯하기도 했던 기억이 난다.

백약이오름

🔺 제주오름의 백미는 동검은이오름

　제주에는 검은오름이라는 이름의 오름들이 몇 개있는데 세계자연유산으로 지정된 거문오름도 원래 이름은 서검은오름이었다고 한다. 국제사회에 알리기 위해 쉬운 이름인 거문오름으로 변경했다고 하는데, 검은오름은 색상이 검다는 뜻이 아니라 신령스러운 오름들에 붙여졌다는 '검은'이라는 이름이란다.

　거문오름만큼 뛰어난 풍광을 동검은이오름에서도 만날 수 있다. 능선과 봉우리, 분화구가 제멋대로 되어 있어 제주오름 중 가장 복잡한 형태를 띤다는 동검은이오름은 오름의 백미이다. 여러 개의 알오름들이 큰 테두리를 이루며 하나의 오름을 형성하는 모습은 신령스럽기까지 하다.

　동검은이오름은 내가 존경하는 지인 부부와 함께 다녀와서 더 좋은 오름으로 기억된다. 제주올레 마니아인 두 분을 모시고 처음으로 오름투어를 갔을 때 선택한 오름이 동검은이오름이었다. 색다른 음식을 맛보듯 '새로운 오름이라는 제주'를 함께 즐겨서 즐거운 시간이었다.

동검은이오름

🔺 감히 최고의 오름이라고 말하고 싶은 따라비오름

따라비오름은 교통편이 불편하고 찾는 사람이 많지 않아 그리 알려져 있지는 않은 곳이지만 개인적으로 가장 좋아하는 오름이다. 지금도 누군가가 물어보면 가장 좋아하는 오름이라고 대답할 정도이다.

'땅 할아버지'에서 이름이 유래되었다는데 '따라비'라는 이름 자체가 독특하고 귀엽고, 이국적이다. 오름의 전체적인 모습도 '이국적인 미녀'라고 표현하는데 세 개의 분화구가 나란히 있는 유일한 오름이다.

길도 잘 정비되어 있고, 오름에 목장이 있지 않아 길에 소똥이나 말똥도 없이 깨끗하다. 오르는 길도 가파르지 않고, 정상에서의 풍광도 너무 좋다. 한눈에 들어오는 분화구의 전체적인 모습도 좋고, 바로 앞에 보이는 큰사슴이오름과 두 개의 오름 사이에 위치한 풍력발전기 모습도 인상적이다. 세 개의 분화구를 이은 능선길도 좋다.

따라비오름

따라비오름

바로 앞에 보이지만 거리는 제법 떨어져 있는 큰사슴이오름까지 가는 길(갑마장길)도 좋다. 그 길을 달리는 마라톤 대회에 나도 참석하여 큰사슴이오름부터 따라비오름까지 뛰어본 적도 있다.

🔺 정상에서 습지를 만나는 물영아리오름

람사르 습지로 등록된 물영아리오름은 큰길가에 있어 접근성이 좋은 곳이다. 또한 시작점에서 정상까지 가는 길이 일직선으로 모두 계단으로 되어 있어 특이한 곳이기도 하다. 습지로 된 정상 분화구까지 내려

갈 수 있게 길도 조성되어 있는데 습지에 한참을 앉아 있으면 자연과 친구가 되는 기회를 가질 수 있다.

그 습지에서 한 번은 맹꽁이 소리를 들으며 한참을 앉아 있었고, 한 번은 노루를 만나 눈인사를 한 적도 있다. 아이들과 갔을 때는 계단을 오르며 가위바위보 게임을 하다 보니 800개 넘는 계단도 많게 느껴지지 않은 적도 있다. 계단을 오르는 중간에 쉬는 곳이 잘 마련되어 있어 쉬어가며 오르면 그리 힘들지 않다. 오름 입구에는 해설사분이 계셔서 물영아리오름과 람사르 습지에 관한 설명도 들을 수 있다.

물영아리오름

🔺 제주 서부지역 오름의 대표주자 노꼬매오름

제주 서쪽 지역의 오름을 시작하면서 가장 먼저 간 곳이 노꼬매오름이다. 개인적으로 노꼬매오름은 삼고초려한 곳이다. 첫 시도는 제주에서 맞이한 첫 번째 겨울에 직장동료들과 함께 갔었는데 눈이 너무나 많이 와서 올라가지 못했다. 두 번째는 가족과 함께 갔었는데 초등학교 1학년이었던 첫째가 말똥 냄새가 난다고 해서 주차장에서 조금 걷다가 발길을 돌렸다.

하지만 노꼬매오름은 삼고초려 할 만한 가치가 있는 오름이다. 제주 서부 지역 오름의 랜드 마크로서 정상에서의 전망이 끝내준다. 다른 오름과는 다르게 다소 가파르고 시간도 40~50분정도로 오래 걸리지만, 힘들게 올라갈 만한 가치가 있는 곳이다. 정상에서 비양도뿐만 아니라 멀리 산방산까지 보이고, 한라산 백록담의 모습도 멋지다. 그리고 제주시와도 멀지 않아 종종 찾는 곳이었다.

🔺 별모양을 닮은 들불축제의 새별오름

　새별오름은 제주들불축제로 유명하다. 제주에서 열리는 수많은 축제 중 대한민국의 대표적인 축제로 손꼽히는 몇 안 되는 축제로 우리 가족이 무척이나 좋아하고 자주 찾았다. 그리고 새별오름은 아내와 처음으로 오름투어를 같이 갔던 오름이라 의미가 큰 곳이다.

　제주에서 처음으로 맞이한 결혼기념일에 둘이서 새별오름에 갔다. 그리고 잊지 못할 에피소드도 생겼다. 그 날은 안개가 너무 자욱했다. 길을 찾을 수가 없을 정도였다. 그래서 전체적인 오름의 모습을 볼 수도 없었고, 길을 찾는 것도 어려웠다. 이정표도 제대로 안 되어 있어 우리는 길을 따라 걸었다. 그러다가 철조망을 만났다. 난 아부오름에서 만난 철조망을 생각해서 철조망 사이로 들어갔다. 그리고 수풀을 만났다. 우거진 수풀에 난 동검은이오름을 생각했고, 길이 아닌 것 같다는 아내의 주장을 반박하며 10여 분을 더 걸었다. 결국 우리는 갔던 길을

새별오름

Ⅲ. 제주의 보물은 오름

새별오름

다시 돌아 나왔고, 지친 몸과 마음으로 새별오름 트레킹을 마쳐야 했다.
    그 이후에 들불축제 구경을 위해 새별오름에 갈 때마다 우리는 이 추억을 떠올리며 웃었다. 이제는 새별오름을 여러 번 가서 머릿속으로 길이 훤하지만 그때는 안개도 심했고, 결혼기념일 여행이었기에 많이 당황했었다.
    새별오름은 멀리서 보면 별 모양을 닮았다. 정작 새별오름을 걸을 때는 별 모양 같지 않은데 멀리 금오름에서 바라보면 무척 신기하게도 별 모양 같다. 그리고 새별오름 걸을 때는 바로 옆에 있는 이달오름도 함께 걸으면 참 좋다. 이달오름은 고사리 캐러 가족들과 자주 갔었던 곳이다.

🔺 차가 정상까지 올라갔던 금오름

금오름은 차로 정상까지 올라갈 수 있었던 유일한 오름이다. 그리고 분화구에 물이 고여 있는 몇 안 되는 오름이고, 분화구까지 내려갈 수 있는 오름이다. 금오름은 일몰이 아름다운 곳으로, 멀리 차귀도와 비양도가 보이고, 한라산의 모습도 멋지다. 능선을 따라 한 바퀴 걸으면 다양하게 변화하는 풍광에 압도당한다.

그래서 금오름 근처를 지나갈 때면 한 번씩 차를 몰고 올라가기도 했고, 지인들과의 여행에서도 자주 갔었던 곳이다. 금오름 정상에서 패러글라이딩도 가능한데 언젠가는 꼭 한번 해 볼 생각이다.

🔺 5분 만에 오를 수 있는 군산

　군산도 편하게 정상까지 올라갈 수 있는 오름이다. 차가 상당히 높은 곳까지 올라가기 때문에 주차 후 5분 정도만 걸으면 금방 정상이다. 올라가는 데는 5분도 안 걸리지만 5분 만에 내려가지는 못한다. 너무나 풍광이 멋져서 한참을 머무르게 되기 때문이다. 그리고 길이 다양하여 이곳저곳으로 걷다 보면 시간이 금방 지나간다.

　군산은 제주의 서남쪽을 한눈에 조망할 수 있는 곳으로 아침 일출을 보기에도 좋은 곳이다. 내가 군산을 처음 올랐던 것도 새벽이었다. 군산 정상에서 동이 트기를 기다리며 조금씩 밝아지는 제주 남쪽 바다를 지켜봤던 기억을 잊을 수가 없다.
　그리고 병원 직원들과 1박 2일로 단합대회를 간 둘째 날 아침에 함께 군산을 갔던 기억도 오랫동안 남을 것이다.

🔺 노루를 만나게 되는 노루오름

노루오름은 웬만한 오름들을 거친 후 다녀왔다. 쉽게 갈 수 있는 오름이 아니었기 때문이다. 접근성이 좋지 않으며, 인적이 드물어 위험할 수도 있다고 판단해서이다. 그래서 평일에 가지 않고 주말에 사람들이 그나마 다닐 때를 선택했다.

실제로 노루오름을 처음 갔을 때 너무나 한적하고 조용하여 작은 소리에도 놀란 적이 있다. 알고 보니 노루의 움직임이었다. 즉, 노루오름은 노루가 많이 살 정도로 깊은 산속에 위치해 있다는 것이다.

하지만 많은 오름들 중 노루오름이 큰 감동으로 남아 있는 건 정상에서의 전망 때문이지 않을까 한다. 한라산이 멋들어지게 보이고, 마치 한라산의 깊은 숲속에 둘러싸이는 듯한 포근함을 느끼게 된다. 그래서 속세를 떠나 자연 속에서 거닐고 싶을 때는 노루오름을 찾곤 했다.

영원히
보존되었으면 하는
제주의 숲길

제주
트레킹
어디까지
해봤니?

Ⅳ. 영원히 보존되었으면 하는
제주의 숲길

　　제주에서 사는 7년 동안 가족들과 많은 곳을 여행하며 다양한 추억을 만들었으며, 짬짬이 시간을 내어 혼자서 한라산과 제주올레와 오름을 오르고 걸었다. 그리고는 제주의 숲길에 눈을 돌려 숲을 즐기기 시작했다. 제주의 숲길은 환상적이다. 자연 그대로의 모습을 간직한 그곳은 명상하며 걷기에는 더없이 좋은 곳이다. 짧지 않은 흙길이 걷기에 안성맞춤이며, 많은 숲길이 있어 골라 걷는 재미도 쏠쏠하다.

내가 꼽은 제주의 3대 숲길, 장생의 숲길과 사려니 숲길과 삼다수 숲길

혼자서 자주 가고, 가족들과도 자주 갔던 곳이 장생의 숲길이다. 절물자연휴양림 내에 있는데 총 거리 11.1km로 3시간 30분 정도 걸린다. 절물자연휴양림 내에는 장생의 숲길뿐만 아니라 절물오름으로 가는 길과 너나들이길 등도 있어 이곳저곳을 걷다 보면 5시간 이상 오롯이 걷는 것에 집중할 수 있다.

장생의 숲길은 울창한 삼나무 숲으로 이루어진 자연 그대로의 흙길이며, 경사가 거의 없다고 할 수 있으며, 공기는 당연히 맑다. 더욱 좋은 점은 길의 99% 이상이 그늘이라는 점이다. 언제라도 좋지만 더운 여름에 가면 특히나 좋은데 울창한 삼나무 숲을 지나는 바람 덕에 더 시원하게 걸을 수 있다.

사려니 숲길은 내가 제주에서 한라산 백록담과 제주올레 7코스 다음으로 세 번째로 선택했던 곳이다. 가장 알려진 제주의 숲길로 많은 분들이 찾는 곳이기도 하다. 개인적으로는 사려니 숲길을 그리 좋아하지는 않는데, 길이 너무 넓어 숲길의 매력이 덜하기 때문이다. 하지만 1년에 한 번 물찻오름 등이 개방되는 사려니 숲길 걷기축제 때는 매번 이곳을 찾았다.

사려니는 '신성한 곳', '신령이 살만한 곳'이라는 뜻으로 사려니 숲길은 제주자연의 숨겨진 보석으로 알려져 있다. 좌우로 길게 펼쳐진 삼나무 숲 사이로 걸으면 말 그대로 마음이 씻기는 듯한 기분이 든다.

사려니 숲길은 순환형태가 아니라 교통편이 다소 불편하다. 보통 이용하는 시작점이 두 군데 있는데 한곳에서 시작하면 10km 이상 걸어

반대쪽 시작점까지 간다. 3시간 넘게 걸은 후에 다시 주차한 곳으로 돌아가는 것이 어려우므로 대중교통을 이용하는 것도 좋다. 걷기축제 때는 두 곳의 시작점을 연결하는 교통편이 제공되고, 평소 갈 수 없는 물찻오름과 평소에는 사전신청을 해야 하는 사려니오름 등을 마음껏 갈 수 있어 주로 그때 자주 갔다.

삼다수 숲길은 아직 널리 알려진 숲길이 아니다. 그래서 교통편이 불편하고, 인적이 드물어 혼자 가기 쉬운 곳은 아니다. 하지만 고요함이 주는 매력이 있어 종종 찾는 곳이었다. 봄에는 복수초 군락이 아름답고, 여름에는 산수국 군락, 가을에는 단풍이 아름답다.

삼다수 숲길은 5.2km인 코스와 7.8km인 코스가 있다. 자연 그대로의 모습이라 길은 투박하지만 그래서 더 매력적이다. 예전에 직장동료들과 단체로 가서 5.2km를 걸었는데 많은 이야기를 하며 1시간 넘게 걷고 입구의 교래리마을에서 닭백숙을 맛있게 먹은 기억이 새록새록 떠오른다.

한라산 둘레길도 자주 걸었다.

한라산 둘레길도 혼자 자주 갔던 숲길이다. 특히나 더운 여름에는 이만한 길이 없으며 가을의 단풍도 무척이나 아름답다. 교통편이 다소 불편하지만 그 덕에 때 묻지 않은 자연의 모습을 아직도 간직하고 있는 것이다. 내가 제주에 사는동안 조성된 한라산 둘레길은 1코스부터 5코스까지이다.

1코스인 천아숲길은 천아 수원지에서 돌오름까지의 8.7km 구간이다. 천아오름, 노루오름, 한대오름 등을 지나가기 때문에 다소 경사가 있는 코스이다. 오르막이 있어 다소 힘든 구간이기는 하지만 자전거 라이딩을 하시는 분들도 계실 정도로 그리 가파르지는 않다.
　2코스로 알려진 돌오름길은 8km로 돌오름 입구에서 시작하면 내리막길이라 편하다. 거리도 짧고 길도 편해서 아이들과도 몇 번 걸었던 코스로 특히 가을에 걸으면 단풍이 너무나도 아름답다.
　4코스로 알려진 동백길은 11.3km로 법정사에서 돈내코 탐방안내소까지이다. 동백나무 및 편백나무 군락지, 시오름을 즐기는 있는 코스로 거의 평지구간이라 누구나 즐길 수 있다. 교통편이 다소 불편한 점이 아쉽다.
　5코스는 수악길은 돈내코탐방안내소에서 이승악까지의 11.5km 구간이다. 돈내코 탐방안내소에서 수악까지의 구간에서 멧돼지를 만나서 좋지 않은 기억도 있는 곳이다. 하지만 최근에는 한라산둘레길 함께 걷기 프로그램이 생겨서 이를 이용하면 안전하게 걸을 수 있다.
　6코스인 사려니숲길은 사려니숲길부터 남조로 사려니숲길 입구까지의 10km 구간이다. 평소에는 사전신청을 해야 하고 통제되는 구간도 있어 나는 사려니숲길 걷기축제 때 이 코스를 걸었다. 이때 걸으면 교통편도 제공되기 때문에 더욱 편하다. 둘째가 9살, 셋째가 7살 때 걸었으니 아이들도 편하게 이 길을 걸을 수 있다.

제주의 숲길은 어디든 환상적이다.

숯모르 숲길, 교래자연휴양림, 오라올레(방선문 가는 숲길), 졸븐갑마장길, 비자림 숲길, 동백동산, 화순 곶자왈, 머체왓 숲길, 제주 곶자왈 도립공원 등 제주에는 좋은 숲길이 무척이나 많다. 더 많은 숲길이 있지만 이곳들은 내게 큰 감동을 준 곳들이다.

숯모르 숲길은 한라생태숲에서 시작하여 절물자연휴양림의 장생의 숲길의 일부를 지나 노루생태관찰원까지 이어지는 약 6km 정도의 숲길이다. 2시간 정도 편백나무를 만끽할 수 있고, 약간의 오르막 구간만 지나면 거의 내리막코스로 힘들지 않게 걸을 수 있다.

교래자연휴양림에는 2개의 숲길이 있다. 편도 1.5km의 생태관찰로는 40분이면 걸을 수 있는데 아이들과 걷기 좋은 곳이다. 두 번째는 편도 3.5km의 오름 산책로인데 큰지그리오름 정상에서 한라산과 주위 오름을 조망할 수 있는 멋진 숲길이다. 큰지그리오름에서 돌아오지 않고 더 가면 민오름을 지나 절물자연휴양림까지도 걸어갈 수 있다.

오라올레로 알려진 방선문 가는 숲길은 방선문에서 시작하면 내리막길이라 더 편하다. 편도로 5km 거리인데 왕복하면 3시간 정도 소요된다. 중간에 한라도서관과 제주아트센터를 지나간다. 목적지인 방선문은 '선녀가 내려와 놀던 곳'이라는 의미와 '신선이 머물 정도로 아름다운 곳'이라는 뜻이다. 제주시내에 위치해 있어 접근성이 좋다. 실제로 나는 아이들이 한라도서관에서 책을 읽고 있을 때 다녀오기도 했다.

갑마장길은 20km로 상당히 길다. 그래서 갑마장길 중 10.3km로 단축된 좁은갑마장길을 사람들은 주로 걷는다. 갑마장은 '으뜸 말'이라는 뜻으로 조선시대에 왕에게 바칠 수 있는 좋은 말을 모아 기르던 곳이었다. 나는 좁은갑마장길 중 따라비오름에서 큰사슴이오름까지 가는 길을 특히나 좋아한다. 멋진 오름을 두 개나 즐길 수 있을 뿐더러 평지의 숲길을 걸을 수 있기 때문이다.

비자림 숲길은 우리 가족이 가장 좋아하는 숲길이다. 평지이고 길도 잘 정비되어 있고, 유모차도 갈 수 있으며, 우리 가족을 제주로 내려오게 한 감동을 준 곳이기 때문이다. 총거리는 4.1km이지만 짧은 코스로 걸을 수도 있다. 지인들이 내려오면 함께 자주 찾는 곳으로 비자나무가 울창하여 원시림을 걷는 듯 신비롭기까지 하다.

동백동산도 가족들과 자주 찾는 곳이다. 동백나무도 많지만 다양한 나무들로 울창한 숲이다. 동백동산 습지는 네 번째로 람사르습지에 등록된 곳으로 습지까지 가는 왕복 4km의 평지 길은 아이들과도 걷기 좋다.

화순곶자왈도 아이들과 걷기 좋은 길이다. 총 거리 1.5km로 1시간이면 충분하지만 곶자왈 숲길을 걷다 보면 시간 가는 줄 모른다. 아직 잘 알려지지 않아서 인적이 드문 편이다.

머체왓 숲길은 6.7km로 2시간 30분 소요되는 순환코스이다. 머체는 제주도 말로 '돌', 왓은 '밭'을 의미한다. 즉 자연적으로 만들어진 돌밭이라는 뜻이다. 야생화길과 삼림욕숲길, 참꽃나무 숲길 등을 거닐 수 있다.

　제주 곶자왈 도립공원은 가장 최근에 만들어진 숲길이다. 제주도에 영어국제도시가 조성되면서 만들어졌기 때문이다. 나는 한 번 다녀온 후 너무 마음에 들어 이제는 지인들에게 우선순위로 추천하는 숲길이 되었다. 평지로 다양한 코스가 있고, 전망대까지 만들어져 있어 곶자왈 숲의 전체를 조망할 수 있다. 입장할 수 있는 시간이 제한(동절기 3시, 하절기 4시)되어 있어 너무 늦게 가면 안 된다.

V

나의
제주 트레킹
버킷리스트 33

길찾기 코스는 네이버 길찾기에서 제주국제공항 정류장에서 버스로 출발하는 것을 기준으로 찾은 결과를 풀어 쓴 것입니다. 네이버 길찾기는 출발 시각에 따라 그 시간대에 탈 수 있는 버스 경로를 알려 주므로, 길찾기 코스에 쓰여 있는 경로는 이른 아침을 기준으로 하고 있습니다. 네이버 길찾기로 찾은 결과로 시간에 따라 다소 차이가 있을 수 있습니다.

V. 나의 제주 트레킹 버킷리스트 33

제주를 찾는 분들께서 제주 여행 일정에 대해 문의를 많이 하신다. '제주에서 트레킹으로 어디 가면 좋을까요?'라는 질문을 받으면 나는 대답을 망설이게 된다. 제주에 좋은 트레킹 코스가 너무 많고 묻는 이의 취향이 어떤지 잘 모르기 때문이다. 하지만 7년간의 경험을 바탕으로 조심스럽게 내가 좋아하는 곳을 추천하곤 한다.

나는 걷는 것을 좋아한다. 취미가 걷기라고 할 정도이다. 제주의 자연은 걸어서 즐길 때야말로 제대로 음미할 수 있다. 차를 타고 유명한 관광지를 숙제하듯 둘러봐서는 제대로 제주를 즐길 수가 없는 것이다. 등산을 좋아하던 나는 제주에서 트레킹의 세계에 빠져들었다. 한라산도 좋았지만 제주올레, 오름, 숲길이 너무나 좋았다. 그래서 나의 제주 트레킹 버킷리스트를 자신있게 소개한다.

1. 한라산 백록담

제주도는 한라산이고, 한라산은 제주도이다. 제주도에서 꼭 한 가지 하고 싶은 것을 꼽는다면 1순위는 한라산 정상까지 오르는 일이다. 혼자여도 좋고, 가족과 함께여도 좋고, 지인과 같이 가도 좋다. 사계절 언제나 좋다. 7년간 8번 백록담에 올랐는데 매번 감동적이었다.

2. 거문오름 트레킹

거문오름 트레킹은 사전신청을 해야 하는 번거로움이 있지만 항상 후회 없는 선택이 된다. 자연해설사와 함께 걸어야 되기 때문에 좋은 면도 있지만 불편한 면도있다. 특히 1년에 한 번 있는 거문오름 국제트레킹대회 때는 사전신청 없이도 가능하며, 미개방 코스까지 걸을 수 있어 더욱 좋다.

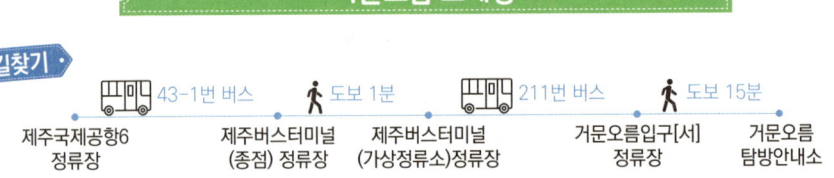

거문오름 트레킹

길찾기

제주국제공항6 정류장 → 43-1번 버스 → 제주버스터미널(종점) 정류장 → 도보 1분 → 제주버스터미널(가상정류소)정류장 → 211번 버스 → 거문오름입구[서] 정류장 → 도보 15분 → 거문오름 탐방안내소

♣ 제주국제공항6(노형,연동) 정류장에서 43-1 버스(대체 버스: 43-2)를 타고 5개 정류장을 이동한 뒤 제주버스터미널(종점) 정류장에서 하차. 도보로 1분 정도 걸어 제주버스터미널(가상정류소) 정류장에서 211번 버스를 타고 29개 정류장을 이동한 뒤 거문오름입구[서] 정류장에서 하차. 도보로 15분 정도 걸으면 거문오름탐방안내소가 나온다. (예상시간: 1시간 10분)

거문오름은 해발이 456m밖에 되지 않아 동네 뒷산이라고 부르기도 민망할 만큼 낮다. 하지만 그 둘레는 4,551m나 되며 유네스코 세계자연유산에도 등재되었다. 등산을 할 거면 높은 곳에 올라야지, 라고 생각하는 사람에게는 그야말로 신세계일 것이다. 거문오름은 높은 곳이든 낮은 곳이든 오르막길이든 내리막길이든 볼 것이 참으로 많은데, 걷기조차 쉽다. 이 같은 모습을 보면 신이 처음에 거문오름을 예쁘고 높은 산으로 만들어 났다가 이러면 많은 사람이 보기 힘들 텐데, 하고 최대한 평평하게 옆으로 펼쳐 놓은 것은 아닐까 하는 생각마저 든다. 하지만 정말로 더 많은 사람에게 보여 주려고 했다면 차라리 높이를 줄이지 말고 아름다움을 뺐어야 했을 것이다. 너무 아름다운 탓에 오히려 많은 사람이 보지 못하게 되었으니 말이다.

코스&시간

정상코스: 1.8km, 1시간
탐방로입구 → 전망대 → 제1용 → 용암협곡 → 탐방로 출구

분화구코스: 5.5km, 2~3시간
탐방로입구 → 전망대 → 제1용 → 용암협곡 → 붓순나무군락지 → 숯가마터 → 알오름전망대 → 풍혈 → 용암함몰구 → 수직동굴 → 탐방로 출구

전체코스(일명 태극길): 10km, 3~4시간
탐방로입구 → 거문오름 입구 → 제1용~제8용 → 용암 함몰구 → 제9용 → 수직동굴 → 숯가마1터 → 일본군 동굴진지 → 전망대 → 용암협곡 → 거문오름 출구

3. 제주올레 10코스(송악산)

많은 분들께서 가장 아름다운 제주올레 코스로 손꼽는 10코스는 화순해수욕장에서 모슬포까지이다. 그중 송악산은 중간지점에 있는데 굉장히 아름다운 곳이다. 형제섬과 가파도와 마라도의 조망도 뛰어나지만 송악산 정상에서 바라보는 풍광도 일품이다.

제주올레 10코스: 화순-모슬포 올레

길찾기

제주국제공항4 정류장 — 820-1번 버스 → 화순환승정류장(안덕농협)[북] 정류장 — 도보 11분 → 제주올레 10코스 공식안내소

♣ 제주국제공항4 정류장에서 820-1번 버스를 타고 7개 정류장을 이동한 뒤 화순환승정류장(안덕농협)[북] 정류장에서 하차. 도보로 11분 정도 걸으면 제주올레 10코스 공식안내소에 도착한다. (예상 시간: 1시간 12분)

제주올레 10코스는 화순금모래해수욕장에서 시작하여 송악산을 지나 하모 해수욕장을 지나는 코스이다. 즉 바다에서 산으로 갔다가, 다시 바다로 가는 코스이다. 바다를 좋아하는 사람에게도 산을 좋아하는 사람에게도 좋은, 그야말로 짬짜면 같은 코스라고 할 수 있다. 바닷길도 좋지만 직접 들어가고 싶지 않은 사람이나 바닷바람을 너무 오래 맞고 싶지 않은 사람, 산길도 좋지만 너무 산만 타고 싶지 않은 사람이나 탁 트인 곳을 좋아하는 사람에게 이만한 코스가 또 있을까 싶을 정도이다. 게다가 이 코스를 지나다 보면 마라도도 볼 수 있고 가파도도 볼 수 있다. 제주올레길을 걸을 때 이 코스를 선택해야 할 이유는 많지만 이 코스를 제외해야 할 이유는 하나도 없는 것이다.

제주올레
10코스

코스&시간

15.6km, 5~6시간
제주올레공식안내소(화순금모래해수욕장) → 썩은다리 전망대 → 산방연대 → 사계포구 → 사계화석발견지 → 송악산 주차장 → 송악산 전망대 → 해송길 → 섯알오름(4·3희생자추모비) → 하모해수욕장 → 하모체육공원(모슬포항)

4. 성산일출봉

세계자연유산인 성산일출봉의 일출을 보기 위해서 참으로 많은 분들이 찾으신다. 1월 1일에 일출을 보아도 좋지만 언제든 가도 좋다. 매표소에서 15분 정도면 정상에 도착한다.

♣ 제주국제공항1(표선,성산,남원) 정류장에서 111번 버스를 타고 11개 정류장을 이동한 뒤 성산일출봉입구[동] 정류장에서 하차. 도보로 8분 정도 걸으면 성산일출봉매표소에 도착한다. (예상시간: 1시간 36분)

매년 12월 31일이 되면 뉴스에서 새해 일출을 보기 위한 사람들에 대해 얘기하는데, 그때 빠지지 않고 꼭 들어가는 명소 중 하나이다. 1월 1일에 해가 뜨는 모습을 보러 사람들은 자동차나 기차만이 아니라 비행기까지 타고 제주도를 찾아가 성산일출봉에서 해가 뜨는 모습을 본다. 연차라도 쓸 수 있으면 또 모르겠지만 그게 아니면 해를 보자마자 또 비행기를 타고 올라가야 할 텐데, 그런 것을 전부 감안하고 찾아간다. 가서 느긋하게 볼 수 있는 건 떠오르는 빨간 해가 아니라 외글외글 모여 있는 검은 머리임을 모르고 찾아가는 것도 아니다. 그만큼 새해의 해돋이를 보고 싶은 사람의 마음은 정말 끝이 없고, 성산일출봉에 찾아오는 사람의 발걸음도 끝나지 않을 것이다. 그래도 역시 느긋하게 해돋이를 보고 싶다면 새해만은 피해서 찾아오길 권한다.

코스&시간

정상 전망대 코스: 왕복 30~40분 소요
일출봉 매표소 → 입출구 갈림길 → 정상 전망대 → 출구 진입로 → 입출구 갈림길 → 해안산책로 → 일출봉 매표소

5. 비자림

　우리 가족의 추억이 많은 비자림은 언제라도 가고 싶은 곳이다. 엄청나게 많은 비자나무가 펼쳐진 평지의 숲길을 걷노라면 신비롭기까지 하다. 비가 올 때 가면 더욱 운치가 있다.

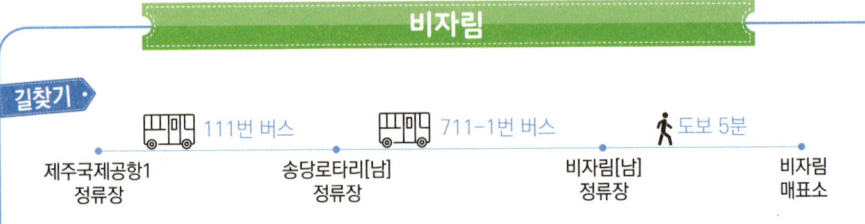

♣ 제주국제공항1(표선,성산,남원) 정류장에서 111번 버스를 타고 7개 정류장을 이동한 뒤 송당로타리[남] 정류장에서 하차. 그대로 그 정류장에서 711-1번 버스를 타고 5개 정류장을 이동한 뒤 비자림[남] 정류장에서 하차. 도보로 5분 정도 걸으면 비자림매표소에 도착한다. (예상 시간: 1시간 29분)

　인간은 자연에서 태어났지만 안타깝게도 자연 속에서 살아가기는 참 어렵다. 현대인은 더욱 그렇다. 문명의 이기 하나 없이 맨몸으로 산에 던져 놓으면 사흘도 못 가서 저체온증으로 죽거나 독버섯을 먹고 식중독으로 죽거나 어딘가에서 굴러 떨어져 죽을 것이다. 그만큼 자연 속에서 살아간다는 것은 어려운 일이다. 하지만 그렇다고 해서 자연과 완벽하게 떨어져 살아가는 것도 불가능하다. 애초에 인간이 얼마나 오랜 시간 자연 속에서 살아왔는지를 생각해 보면, 자연을 갈망하는 본능은 이미 DNA 수준에 각인되어 있는 것이다. 그러니 왜 제주도까지 놀러 와서 숲길을 걸어야 하냐는 생각은 버리고, 제주도에서만 걸을 수 있고 접할 수 있는 비자림을 찾아가 보자. 진정한 휴식은 걸음 속에서 생겨난다는 것을 알 수 있을 것이다.

코스&시간

비자림 A 코스(송이길): 약2.2km, 40~50분
매표소 → 숲입구 → 새천년비자나무 → 연리목 → 돌담길 → 숲입구 → 매표소
비자림 B 코스(오솔길): 약 3.2km, 1시간 ~1시간 30분
매표소 → 숲입구 → 송이길 → 돌멩이길 → 새천년비자나무 → 연리목 → 돌담길 → 숲입구 → 매표소

6. 따라비오름

368개의 제주오름 중 내가 가장 멋지다고 생각하는 따라비오름은 독특한 풍광이다. 분화구 3개가 모여 있는 흔치 않은 오름으로 정상에서의 풍광도 너무나도 멋지다. 교통편이 다소 불편하기는 하지만 최고의 오름이라고 자신있게 말할 수 있다.

따라비오름

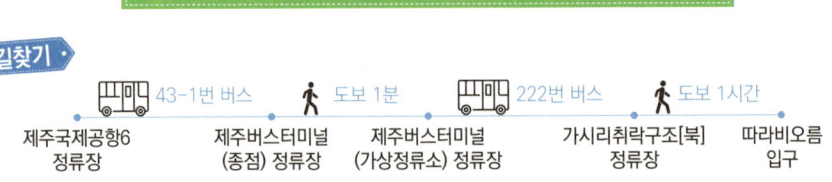

길찾기

♣ 제주국제공항6(노형,연동) 정류장에서 43-1번 버스(대체 버스: 43-2)를 타고 5개 정류장을 이동한 뒤 제주버스터미널(종점) 정류장에서 하차. 도보로 1분 정도 걸어 제주버스터미널(가상정류소) 정류장에서 222번 버스를 타고 58개 정류장을 이동한 뒤 가시리취락구조[북] 정류장에서 하차. 도보로 1시간 정도 걸으면 따라비오름 입구에 도착한다. (예상 시간: 2시간 16분)

따라비오름을 걸으며 볼 수 있는 것 중에 유명한 것이라면 억새밭을 들 수 있다. 천천히 떠올려 보자. 그 억새가 열, 백, 천, 몇 천에 가까운 수가 펼쳐져 있다. 그 모습을 가리는 나무는 없다. 바위에 가려져 있지도 않다. 산 깊숙한 곳에 들어가야 볼 수 있는 것도 아니다. 그저 너른 들판과 높은 하늘 아래에 억새가 잔뜩 펼쳐져 있다. 상상이 가는가? 이런 곳을 걷지 않는다면 그것만으로도 손해인 것이다.

코스&시간

1. 따라비오름 정상 코스: 50분~1시간 10분
따라비오름 출입로 → 오름 입구 둘레길 갈림길 → 오름 정상 탐방로, 갑마장길 갈림길 → 오름 능선 갈림길 → 오름 정상 → 오름 능선 갈림길 → 오름 정상 탐방로 → 오름 입구 둘레길 갈림길 → 따라비오름 출입로

2. 정상+둘레길 코스
따라비오름 출입로 → 오름 입구 둘레길 갈림길 → 오름 정상 탐방로, 갑마장길 갈림길 → 오름 능선 갈림길 → 오름 정상 → 오름 능선 갈림길 → 오름 정상 탐방로, 갑마장 교차지점 → 둘레길 → 오름 입구 둘레길 갈림길 → 따라비오름 출입로

7. 장생의 숲길(절물자연휴양림)

깊이 생각할 것이 있을 때 주로 걷는 장생의 숲길은 역시나 내가 좋아하는 숲길이다. 제주시와 가까이 있다는 장점도 있지만 99%가 그늘이고, 평지라서 걷기 편하기 때문이다. 다양한 코스가 있어 상황에 따라 골라서 걸을 수도 있다.

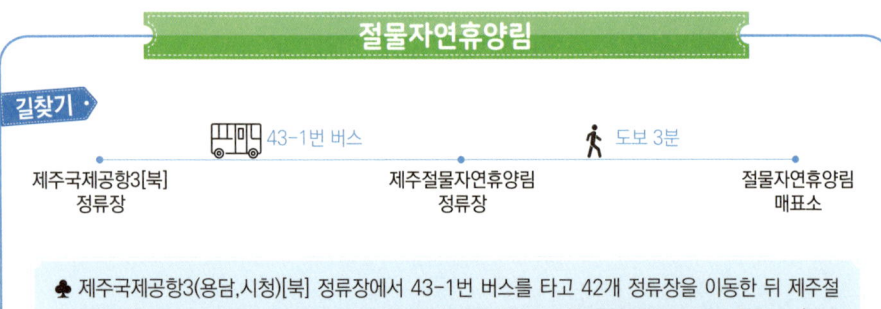

♣ 제주국제공항3(용담,시청)[북] 정류장에서 43-1번 버스를 타고 42개 정류장을 이동한 뒤 제주절물자연휴양림 정류장에서 하차. 도보로 3분 정도 걸으면 절물자연휴양림매표소에 도착한다. (예상 시간: 1시간 4분)

절물자연휴양림은 하늘 높은 줄 모르고 쭉쭉 뻗어 올라간 삼나무들로 이루어진 숲이다. 햇빛 속이 아니라 그늘 속을 걷는 숲이란 것이다. 겹치고 겹친 나무의 그림자들이 햇빛을 단단히 막아내는 그늘을 만들어 낸다. 게다가 오르고 내릴 곳도 없어서 걷기도 참 편하다. 덥디 더운 한여름에 걷기 딱 좋은 길이다. 또한 코스도 다양하고 근처에도 갈만한 곳이 많기에 꼭 한 번 찾아와 걸어봄직 하다. 특히 머릿속이 복잡하여 생각을 정리할 시간이 필요한 사람에게 특히 추천한다. 햇빛 아래에서의 사색이야 어디에서든 가능하지만 천연 그늘 아래에서의 사색은 아무데서나 할 수 있는 것이 아니기 때문이다.

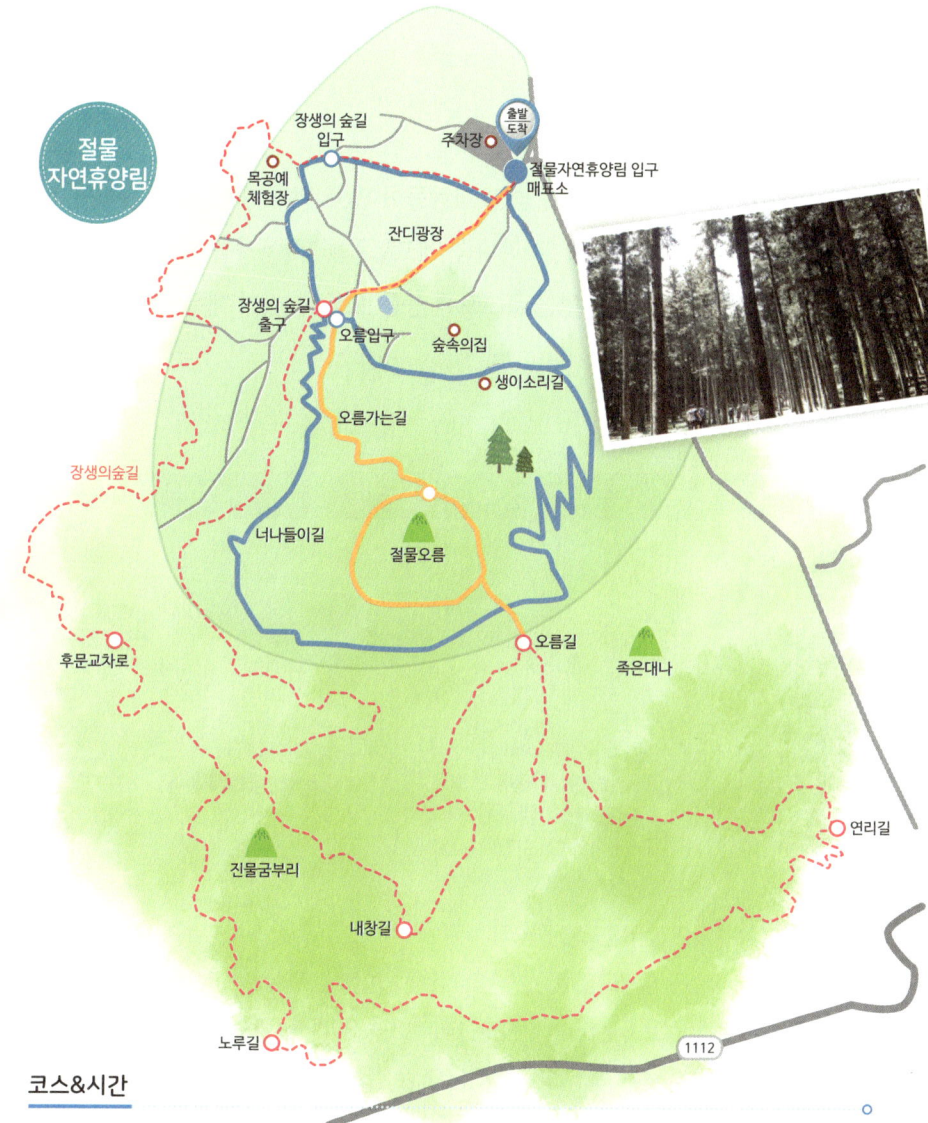

코스&시간

1. 절물오름: 3.2km, 1시간 30분
절물자연휴양림 입구 → 잔디광장 → 절물오름 → 잔디광장 → 절물자연휴양림 입구

2. 너나들이길: 3km, 1시간 30분

3. 절물+생이소리길: 6.2km, 2시간 30분
절물자연휴양림 입구 → 장생의 숲길 입구 → 절물오름 → 생이소리길 → 절물자연휴양림 입구

4. 장생의 숲길: 11.1km, 3시간 30분
장생의 숲길 입구(절물자연휴양림 내) → 후문 교차로 → 노루길 → 연리길 → 오름길 → 내창길 → 장생의 숲길 출구

8. 사려니숲 에코힐링체험

다른 숲들에 비해 길이 넓고 사람들이 많아 내가 개인적으로는 자주 찾았던 곳은 아니지만 '사려니숲 에코힐링체험' 행사를 할 때 매번 찾는다. 평소에는 갈 수 없는 물찻오름 등을 오를 수 있기 때문이다.

사려니숲길

길찾기

 365번 버스　　 222번 버스　　🚶 도보 3분

제주국제공항3[북]　　제주시청(아라방면)　　사려니숲길　　한라산둘레길
정류장　　　　　　　정류장　　　　　　　　정류장　　　　(사려니숲길)입구

♣ 제주국제공항3(용담, 시청)[북] 정류장에서 365번 버스(대체 버스: 370)를 타고 13개 정류장을 이동한 뒤 제주시청(아라방면) 정류장에서 하차. 그대로 그 정류장에서 222번 버스(대체 버스: 212, 232)를 타고 24개 정류장을 이동한 뒤 사려니숲길 정류장에서 하차. 도보로 3분 정도 걸으면 한라산둘레길(사려니숲길)입구에 도착한다. (예상 시간: 1시간 24분)

사려니란 참 발음하기 어렵고 헷갈리기 쉬운 단어이다. 이 발음하기도, 제대로 기억하기도 어려운 사려니 숲길은 길기도 길어서 자신이 어떤 숲길을 걷고 싶은지 잘 찾아보지 않으면 분명 사려니 숲길을 걷고 있는데 내가 원하던 사려니 숲길이 아닌 곳을 걸을 수도 있다. 제주 올레길을 생각하면 간단하다. 내가 걷고 싶은 코스는 1코스였는데, 미리 찾아보지 않아서 10코스를 걷고 있으면 분명 제주올레길을 걷고 있긴 한데 내가 걷고 싶었던 제주올레길이 아닌 길을 걷는 상황이 되는 것이다. 하지만 그래도 좋다. 제주의 숲길은 그 어디든 좋기 때문이다. 그리고 이 길고도 다양한 사려니 숲길을 걸어야 할 이유는, 제주도에서만 걸을 수 있는 곳이라는 이유 하나만으로도 충분하다고 생각한다.

코스&시간

1. 사려니숲길 입구-붉은오름 코스: 10.1km, 3~4시간
사려니숲길 입구 ↔ 참꽃나무숲 ↔ 물찻오름 입구 ↔ 치유와 명상의숲 ↔ 붉은오름
2. 완주 코스: 15.4km, 5~6시간 (* 사려니오름 구간은 사전예약이 필요하다.)
사려니숲길 입구 ↔ 참꽃나무숲 ↔ 물찻오름 입구 ↔ 치유와 명상의숲 ↔ 서어나무숲 ↔ 서중천 ↔더불어숲 ↔ 삼나무숲 ↔ 사려니오름
3. 사려니숲길 입구-성판악 코스: 8.2km, 3~4시간 (* '사려니숲 에코힐링체험' 행사때만 가능하다.)
사려니숲길 입구 → 참꽃나무숲 → 물찻오름 입구 → 성판악 갈림길 → 성판악

9. 어승생악

어승생악은 혼자서도, 가족과도 자주 찾은 곳이다. 아침 일출을 보러 가도 좋고, 눈이나 비가 올 때 가도 좋은 곳이다. 어승생악의 정상에서 바라보는 풍광은 최고이다. 날이 좋은 날은 성산일출봉도 보이고 전라도의 섬들도 보일 정도이다.

한라산 어승생악탐방로

길찾기

제주국제공항6 정류장 —  325번 버스 → 한라병원[서] 정류장 —  240번 버스 → 어리목입구[서] 정류장 —  도보 20분 → 어리목매표소

♣ 제주국제공항6(노형, 연동) 정류장에서 325번 버스(대체 버스: 326)를 타고 7개 정류장을 이동한 뒤 한라병원[서] 정류장에서 하차. 그대로 그 정류장에서 240번 버스를 타고 16개 정류장을 이동한 뒤 어리목입구[서] 정류장에서 하차. 도보로 20분 정도 걸으면 어리목매표소에 도착한다. (예상 시간: 1시간 15분)

어승생악탐방로는 총 1.3km밖에 안 되는 거리여서 부담 없이 언제든 가볍게 걸어갈 수 있는 코스이다. 그래서 정말 가볍게 등산하고 싶은 사람에게 추천하고픈 코스이다. 탐방로 이름 그대로 어리목탐방안내소에서 어승생악까지 걸어가는 코스이기도 하다.

산에 올랐으면 정상까지 올라가야지, 뭐 하러 중간에 있는 언덕배기까지만 가냐고 할 수도 있으나 꼭 가장 위로 올라가야만 경치가 좋은 것이 아니다. 특히 사림의 눈은 그렇게까지 좋은 깃이 아니어서 너무 높이 올라가면 오히려 보지 못하는 것도 있다. 정상보다 조금 낮은 정도까지 올라가서야 보이는 것도 있는 법이다. 백록담에서 바라보는 풍경도 멋지지만 어승생악에서 보는 풍경도 분명 색다르니 정상만 고집하지 말고 느긋하게 한번 걸어 보자.

어승생악

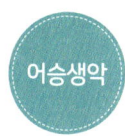

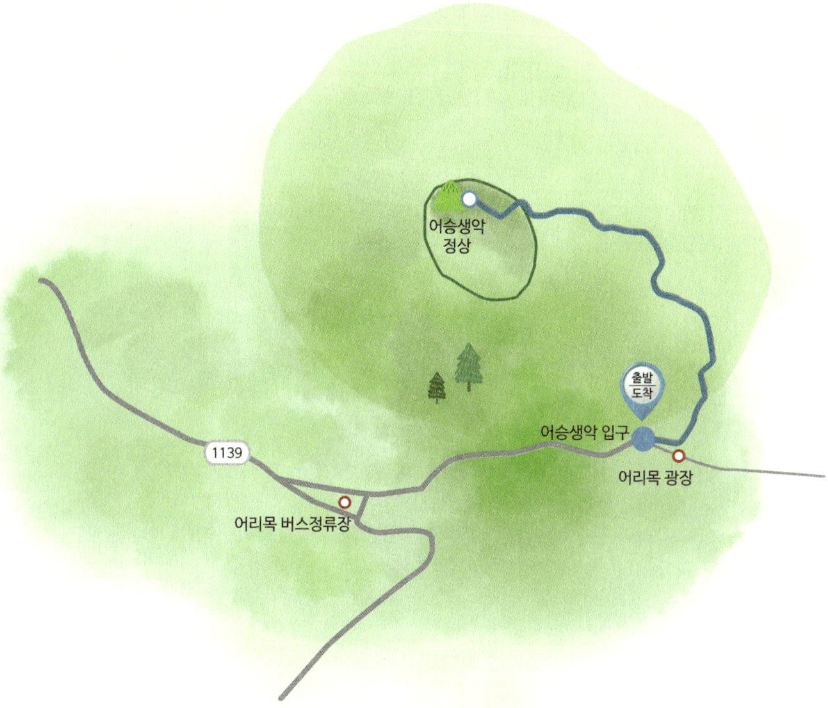

코스&시간

1.3km, 30분~1시간

어승생악 입구 → 어승생악 정상 → 어승생악 입구

10. 다랑쉬오름

　　제주 동쪽지역의 대표적인 오름은 다랑쉬오름이다. 제주에서 가장 유명한 용눈이오름을 갈 때 근처에 있는 다랑쉬오름까지 가는 것도 좋다. 다랑쉬오름 정상에서 밤에 보름달을 보는 것도 좋고, 반딧불이를 보는 것도 추억에 남을 것이다.

다랑쉬오름

길찾기

제주국제공항입구[동] 정류장 — 202번 버스 — 중앙마을 정류장 — 도보 7분 — 남서광마을입구 정류장 — 211번 버스 — 다랑쉬오름 입구(남) 정류장 — 도보 30분 — 다랑쉬오름 안내소

♣ 제주국제공항입구[동] 정류장에서 202번 버스(대체 버스: 291)를 타고 12개 정류장을 이동한 뒤 중앙마을 정류장에서 하차. 도보로 7분 정도 걸어 남서광마을입구 정류장에서 211번 버스(배차 간격이 길다)를 타고 40개 정류장을 이동한 뒤 다랑쉬오름 입구(남), 손지오름 정류장에서 하차. 도보로 30분 정도 걸으면 다랑쉬오름안내소에 도착한다. (예상 시간: 1시간 54분)

　　월랑봉이라고도 부르는 다랑쉬오름은 어쩐지 다람쥐와 연관이 있을 것 같은 이름이다. 어떻게 들으면 외국어 같기도 할 것이다. 입 안에서 굴려 보면 더욱 그렇다. 옛 단어가 그렇듯 다랑쉬란 단어도 정확히 어떤 의미인지는 알 수 없지만, 산봉우리의 분화구가 달처럼 둥글게 보인다 하여 다랑쉬라고 불렀다는 설과 높다는 뜻의 '달'에 봉우리라는 뜻의 '쉬'가 합쳐져 다랑쉬라고 불렀다는 설이 유력하다. 타임머신을 만들어 과거로 찾아가지 않는 한 무엇이 정답인지는 알 수 없지만 이름이야 어찌 되었든 다랑쉬오름은 항상 자신의 자리를 지키고 있다. 남들이 어떤 점을 보고 무엇이라 부르든 초연하게 제자리를 지키고 있는 그 모습은 익히 본받을 만 하다.

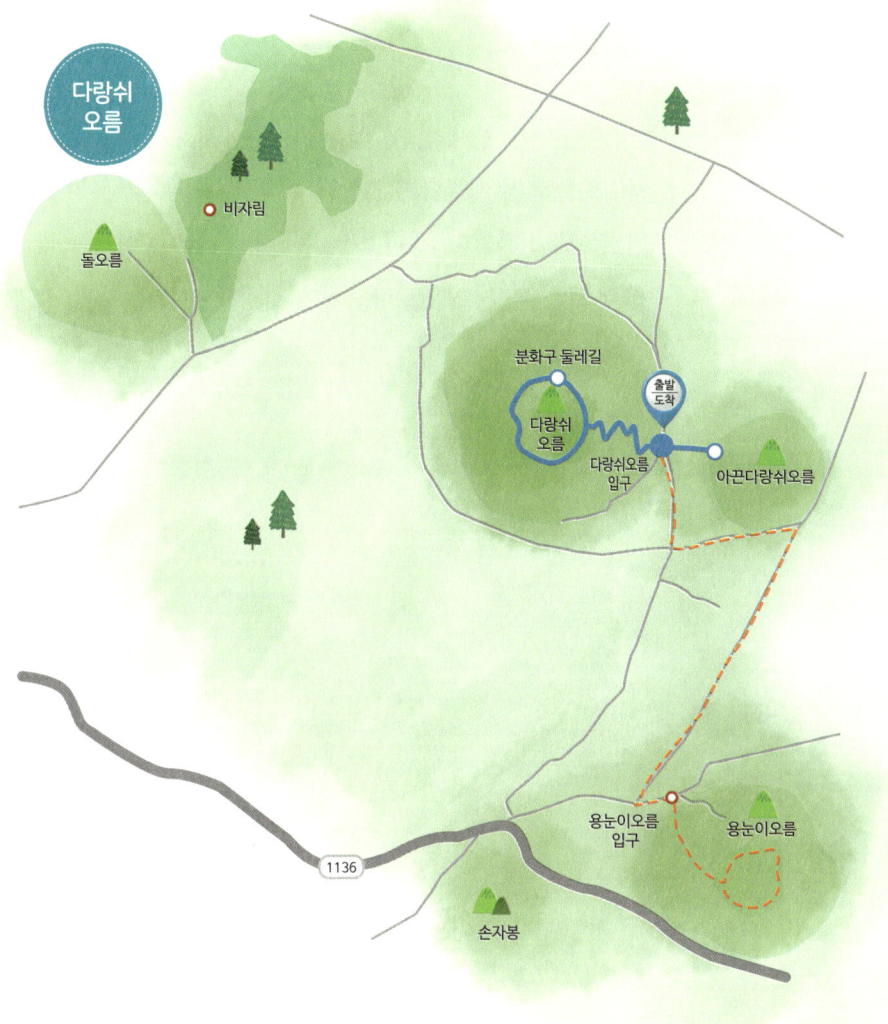

코스&시간

1. 다랑쉬오름 코스: 약 3.1km, 1시간 30분
다랑쉬오름 입구 → 다랑쉬오름 정상 → 다랑쉬오름 분화구 둘레길 → 다랑쉬오름 입구

2. 다랑쉬오름-용눈이오름 코스: 약 7.9km, 3~4시간
다랑쉬오름 입구 → 다랑쉬오름 정상 → 다랑쉬오름 입구 → 용눈이오름 입구 → 용눈이오름

11. 생이기정길

제주에서 일몰이 아름다운 곳이 몇 곳 있는데 그중에서도 차귀도 배경이 최고이다. 차귀도를 가장 아름답게 조망할 수 있는 곳은 제주올레 12코스 후반부인 생이기정길이다. 생이기정길 자체도 너무 좋아서 개인적으로는 제주올레 코스의 3대 포인트라고 생각할 정도이다.

제주올레 12코스: 무릉-용수 올레

길찾기

제주국제공항4 정류장 → 820-1번 버스 → 동광환승정류장6 (모슬포방면) → 254번 버스 → 무릉2리 소공원[서] 정류장 → 도보 20분 → 무릉외갓집 스탬프 찍는 곳

♣ 제주국제공항4(대정,화순,일주서로) 정류장에서 820-1번 버스를 타고 4개 정류장을 이동한 뒤 동광환승정류장6(모슬포방면) 정류장에서 하차. 그대로 그 정류장에서 254번 버스(배차 간격이 길다)를 타고 16개 정류장을 이동한 뒤 무릉2리 소공원[서] 정류장에서 하차. 도보로 20분 정도 걸으면 무릉외갓집 스탬프 찍는 곳에 도착한다. (예상 시간: 1시간 20분)

제주올레 12코스는 서귀포시에서 제주시로 이어지는 코스이다. 후반부의 생이기정길에서는 차귀도를 가장 아름답게 조망할 수 있다. 이 코스는 차귀도를 볼 수 있는 코스이지만 단지 차귀도를 보기 위하여 걷는 길은 아니다. 제주올레길이 다 그렇듯 어떤 것을 보기 위한 길이 아니라 걷는 동안 무언가를 볼 수 있는 길인 것이다. 그리고 이 코스에서는 그것이 차귀도였을 뿐이다. 보기 위해 걷는 것이 아니라 걷다가 볼 수 있는 무언가를 보아가며 걸을 때의 즐거움을 알고 싶다면 이 길을 걸어 보자. 자신의 시선이 어디로 향하는지를 보고, 나중에 진정으로 기억에 남는 것이 무엇이었는지를 떠올려 보자. 어쩌면 자신이 생각했던 것과는 다를지도 모른다.

제주올레
12코스

코스&시간

17.5km, 5~6시간

무릉외갓집 → 평지교회 → 신도 생태연못 → 녹남봉 정상 → 산경도예 → 고인옥 할망점 → 신도 바당올레 → 신도 포구 → 소낭길 → 수월봉 정상 → 엉알길 → 자구내 포구 → 당산봉 정상 → 생이기정 바당길 → 용수 포구

12. 제주곶자왈도립공원

한 번에 나를 사로잡은 곳이다. 제주에 영어교육도시가 생기면서 조성된 숲길로 곶자왈의 진수를 느낄 수 있는 곳이다. 아이들도 쉽게 걸을 수 있게 길이 정비가 잘 되어 있고, 전망대와 곳곳에 쉼터도 만들어져 있어 편하다.

제주곶자왈도립공원

길찾기

제주국제공항4 정류장 → 151번 버스 → 삼정지에듀 정류장 → 도보 10분 → 제주곶자왈도립공원 탐방안내소

♣ 제주국제공항4(대정, 화순, 일주서로) 정류장에서 151번 버스를 타고 11개 정류장을 이동한 뒤 삼정지에듀 정류장에서 하차. 도보로 10분 정도 걸으면 제주곶자왈도립공원 탐방안내소에 도착한다.
(예상 시간: 1시간 5분)

곶자왈은 나무, 덩굴, 암석 등이 뒤섞여 수풀처럼 어수선하게 된 곳을 칭하는 제주도 사투리다. 간단히 말하면 자연의 비빔이다. 제주도의 자연을 만든 신은 비빔밥을 엄청 좋아했던 것이 아닌가 싶을 만큼 곶자왈에는 온갖 것이 다 뒤섞여 있다. 심지어 열대 북방한계 식물과 남방한계 식물까지 공존하고 있다. 이것도 넣고 저것도 넣고 요것도 넣고 조것도 넣고 그 모든 걸 넣어 싹싹 버무린 곳이 바로 곶자왈인 것이다. 이렇게 신비롭고도 굉장한 곳을 찾아가지 않는다면 비싼 경비를 들여 제주도까지 올 이유가 없는 것이다.

숲 중에서도 숲인 만큼 길은 비포장이요, 온갖 벌레가 있기에 긴팔에 긴바지, 운동화를 갖추고 찾아와야 한다. 그렇지 않으면 숲을 빠져 나왔을 때, 몸 여기저기가 벌레 물린 자국으로 울긋불긋할 것이다.

코스&시간

1코스: 1.8km, 40분
탐방안내소 → 테우리길 → 전망대 → 테우리길 → 탐방안내소
2코스: 3.8km, 1시간 20분
탐방안내소 → 테우리길 → 한수기길 → 빌레길 → 전망대 → 테우리길 → 탐방안내소
3코스: 4.0km, 1시간 30분
탐방안내소 → 테우리길 → 전망대 → 오찬이길 → 빌레길 → 전망대 → 테우리길 → 탐방안내소
4코스: 4.5km, 1시간 40분
탐방안내소 → 테우리길 → 한수기길 → 오찬이길 → 전망대 → 테우리길 → 탐방안내소
5코스: 6.7km, 2시간 30분
탐방안내소 → 테우리길 → 가시낭길 → 한수기길 → 오찬이길 → 전망대 → 테우리길 → 탐방안내소

13. 용눈이오름

사진작가 김영갑 씨 덕분에 유명해진 오름이다. 오름의 곡선이 아름다워서 사진작가들도 많이 찾는 곳이지만 아침에 일출을 보기 위해 여행객들도 많이 찾는다. 10분이면 오를 수 있지만 1시간 넘게 머무를 정도로 마음에 드는 곳이다. (최근 휴식년으로 지정되었다.)

용눈이오름

길찾기

제주국제공항입구[동] 정류장 → 202번 버스 → 중앙마을 정류장 → 도보 7분 → 남서광마을입구 정류장 → 212번 버스 → 다랑쉬오름 입구(남) 정류장 → 도보 20분 → 용눈이오름

♣ 제주국제공항입구[동] 정류장에서 202번 버스(대체 버스: 291)를 타고 12개 정류장을 이동한 뒤 중앙마을 정류장에서 하차. 도보로 7분 정도 걸어 남서광마을입구 정류장에서 212번 버스를 타고 51개 정류장을 이동한 뒤 다랑쉬오름 입구(남), 손지오름 정류장에서 하차. 도보로 20분 정도 걸으면 용눈이오름에 도착한다. (예상 시간: 1시간 52분)

용눈이오름은 사진작가 김영갑 씨 덕분에 유명해진 오름이다. 하지만 2021년 2월부터 2023년 1월 31일까지 2년간 자연휴식년제에 들어가서 현재는 직접 그 길을 걸을 수는 없다. 제주의 다른 오름이 그러했듯 휴식년제가 연장될 수도 있다. 그 근방에서 대략의 모습은 볼 수 있지만 직접 위로 올라갈 수는 없으므로 자연휴식년제가 끝나기 전까지는 찾아가지 않는 것이 좋다. 그야말로 그림의 떡이나 마찬가지인데 굳이 찾아가 봤자 올라가고 싶다는 열망만 커지기 때문이다. 현재 용눈이오름에 올라가면 200만 원 이하 과태료가 부과되는데 최대 200만 원 이상의 입장료를 내는 것보단 조금만 더 참고 다음에 오르는 것이 현명하다.

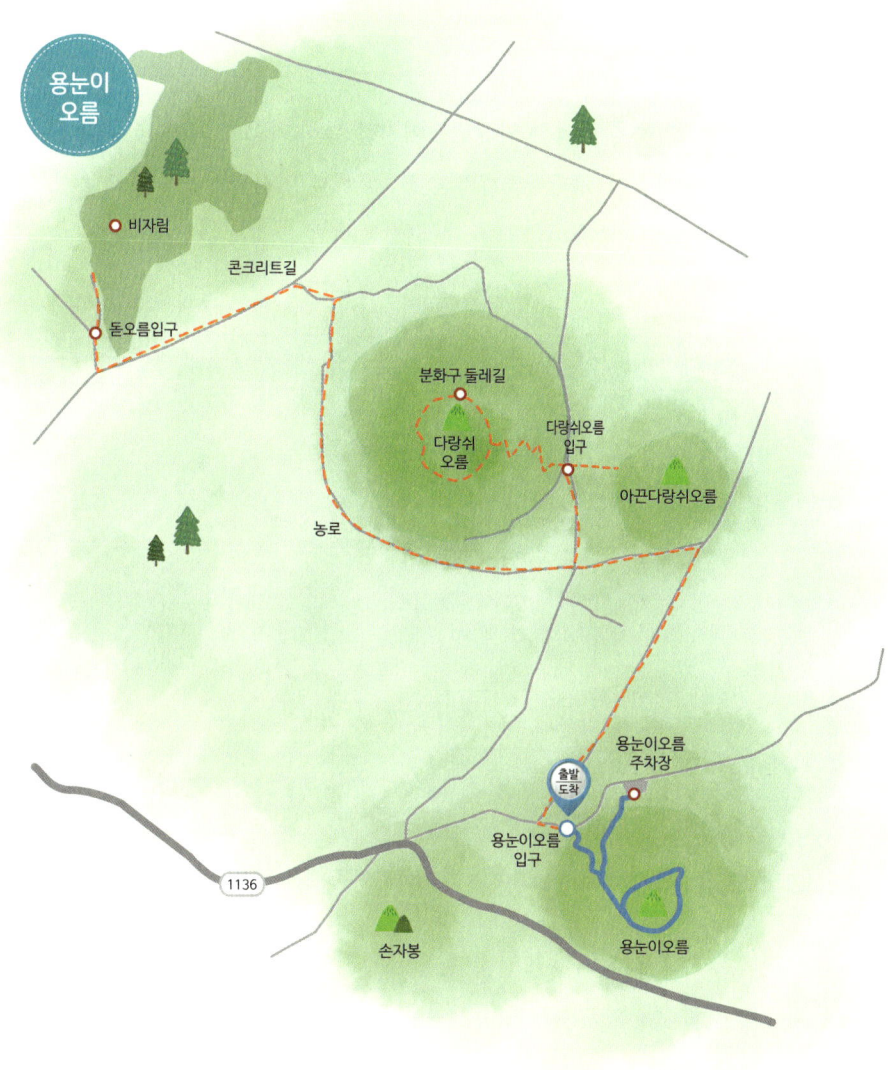

코스&시간

용눈이오름 정상 코스: 왕복 40~50분 소요
용눈이오름 입구 → 분화구 둘레 갈림길 → 오른쪽 분화구 둘레길 → 정상 → 분화구 둘레 갈림길 → 용눈이오름 입구

14. 한라산 영실코스

언제 가도 좋은 한라산 영실코스이지만 특히 가을에 가면 더 좋다. 2시간이면 목적지인 윗세오름까지 오를 수 있는 영실코스라서 많은 분들이 찾는다.

한라산 영실탐방로

길찾기 ·

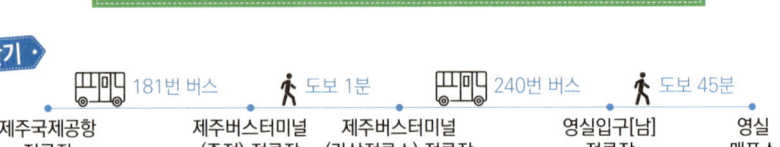

제주국제공항 정류장 — 181번 버스 — 제주버스터미널(종점) 정류장 — 도보 1분 — 제주버스터미널(가상정류소) 정류장 — 240번 버스 — 영실입구[남] 정류장 — 도보 45분 — 영실매표소

♠ 제주국제공항 정류장에서 181번 버스(대체 버스: 102, 151, 152, 181)를 타고 1개 정류장을 이동한 뒤 제주버스터미널(종점) 정류장에서 하차. 도보로 1분 정도 걸어 제주버스터미널(가상정류소) 정류장에서 240번 버스를 타고 23개 정류장을 이동한 뒤 영실입구[남] 정류장에서 하차. 도보로 45분 정도 걸으면 영실매표소에 도착한다. (예상 시간: 2시간 5분)

영실탐방로는 영실탐방안내소(매표소 주차장)에서 영실휴게소(영실탐방로 입구)까지 자동차(택시도 이용가능)로 갈 수 있다. 즉, 자가용이 있는 사람이라면 처음부터 끝까지 마냥 걷기만 할 필요는 없는 코스이다. 1/3 정도까지는 천천히 차를 몰고 들어온 뒤에 휴게소에서 내려 잠시 쉬었다가 또 쉬엄쉬엄 걸어갈 수도 있는 것이다.

영실코스는 일부구간(깔딱고개)이 힘들기는 하지만 남녀노소 이용 가능한 코스이다. 특히 병풍바위의 모습은 압권이며 윗세오름에서 바라본 한라산 정상은 감동적이다. 윗세족은오름전망대도 꼭 한번 올라가야 한다.

코스&시간

영실-윗세오름-남벽 분기점 코스: 5.8km, 2시간 30분

영실탐방안내소(매표소 주차장) —2.4km→ 영실탐방로입구 —1.5km→ 병풍바위 —2.2km→ 윗세오름 —2.1km→ 남벽 분기점

15. 제주올레 1코스 (알오름)

'우주 최고의 풍광'이라고 생각하는 제주올레 1코스 알오름 정상에 서면 감탄사가 쉬지 않고 터져 나온다. 우도와 성산일출봉과 지미봉과 중산간의 수많은 오름 군락을 보면 쉽게 흥분을 가라앉힐 수가 없다. 조각보처럼 펼쳐진 밭들의 풍광은 예술이다.

제주올레 1코스: 시흥-광치기 올레

길찾기

제주국제공항2 정류장 → 101번 버스 → 성산고입구삼거리[서] 정류장 → 도보 3분 → 성산고입구삼거리[서] 정류장 → 201번 버스 → 시흥리[동] 정류장 → 도보 20분 → 제주올레 1코스 공식안내소

♣ 제제주국제공항2(일주동로,516도로) 정류장에서 101번 버스를 타고 15개 정류장을 이동한 뒤 성산고입구삼거리[서] 정류장에서 하차. 도보로 3분 정도 걸어 성산고입구삼거리[동] 정류장에서 201번 버스를 타고 3개 정류장을 이동한 뒤 시흥리[동] 정류장에서 하차. 도보로 20분 정도 걸으면 제주올레 1코스 공식안내소에 도착한다. (예상 시간: 2시간)

제주올레 1코스는 말 그대로 제주올레에서 첫 번째로 시작된 길이다. 무엇이 되었든 처음이라는 것에는 크나큰 의미가 있다. 눈도 처음 왔을 때가 제일 기억에 남고 사랑도 처음 했을 때가 제일 기억에 남는 것과 마찬가지이다. 심지어 제주올레 1코스는 처음으로 찾아온 것도 아니라 서음으로 선택된 길이다. 그것만으로도 1코스를 걸어야 할 이유는 충분하다. 그리고 그만큼 많은 이들이 걸어왔다. 게다가 풍경 또한 몇 번을 보아도 질리지 않을 만큼 멋지니 시간이 없다면 일부분만이라도 걷고, 시간을 낼 수 있다면 어떻게든 내어서 걸어보자.

코스&시간

15.1km, 4~5시간

시흥초등학교 → 말미오름 입구 → 말미오름 → 알오름 정상 → 종달리삼거리 → 종달1리 교차로 → 종달리사무소 → 종달리 옛소금밭 → 종달리 바당길 입구 → 목화휴게소 → 시흥해녀의집 → 오소포연대 → 오조해녀의집 → 성산갑문 → 성산항 → 성산일출봉 → 수마포 → 터진목 4·3유적지 → 광치기 해변

16. 한라산둘레길 천아숲길

　내가 한라산둘레길 중 가장 좋아하는 코스이다. 다소 오르막이 있어 힘들기는 하지만 한라산의 숲길을 제대로 만끽할 수 있다. 시간적인 여유가 된다면 천아숲길에서 조금 벗어나 노루오름과 한대오름까지 가 보는 것도 좋다.

한라산둘레길(천아숲길)

길찾기

제주국제공항입구[동] 정류장 → 202번 버스 → 월성 마을 → 도보 10분 → 오라오거리[북] 정류장 → 240번 버스 → 1100고지휴게소 정류장 → 도보 30분 → 한라산둘레길1구간(천아숲길)

♣ 제주국제공항입구[동] 정류장에서 202번 버스(대체 버스: 291)를 타고 1개 정류장을 이동한 뒤 월성 마을에서 하차. 도보로 10분 정도 걸어 오라오거리[북] 정류장에서 240번 버스를 타고 20개 정류장을 이동한 뒤 1100고지휴게소 정류장에서 하차. 도보로 30분 정도 걸으면 한라산둘레길1구간(천아숲길)에 도착한다. (예상 시간: 1시간 55분)

　천아숲길은 천아수원지에서 보림농장 삼거리까지 가는 8.7km의 구간이다. 한라산둘레길은 비가 오거나 비가 온 이후에는 탐방객의 안전을 위해 2일간 통제하므로 일기예보를 잘 살펴보고 가야 하는 곳이다. 이곳은 가을만 되면 빨갛고 노랗게 되는 곳이므로 사계절 내내 찾아올 수 있는 사람이 아니라면 최대한 가을에 오는 것을 추천한다. 보통 언제 보아도 아름답다고 얘기하는 곳이 있는데 그런 곳은 기본적으로 가장 아름다운 모습을 보고 푹 빠진 이후에 찾아왔을 때도 아름다운 곳이라 할 수 있다. 간단히 말해서 콩깍지가 좀 씐 이후에 보았더니 언제 보아도 참 아름답네, 라는 것이다. 그러니 가을에 찾아와 보자. 그때는 비도 그렇게 많이 내리지 않고, 날도 선선하며, 단풍도 예쁘게 든다. 이러고도 찾아오지 않는다면 얼마나 아까운가.

한라산 둘레길 (천아숲길)

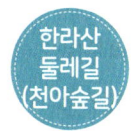

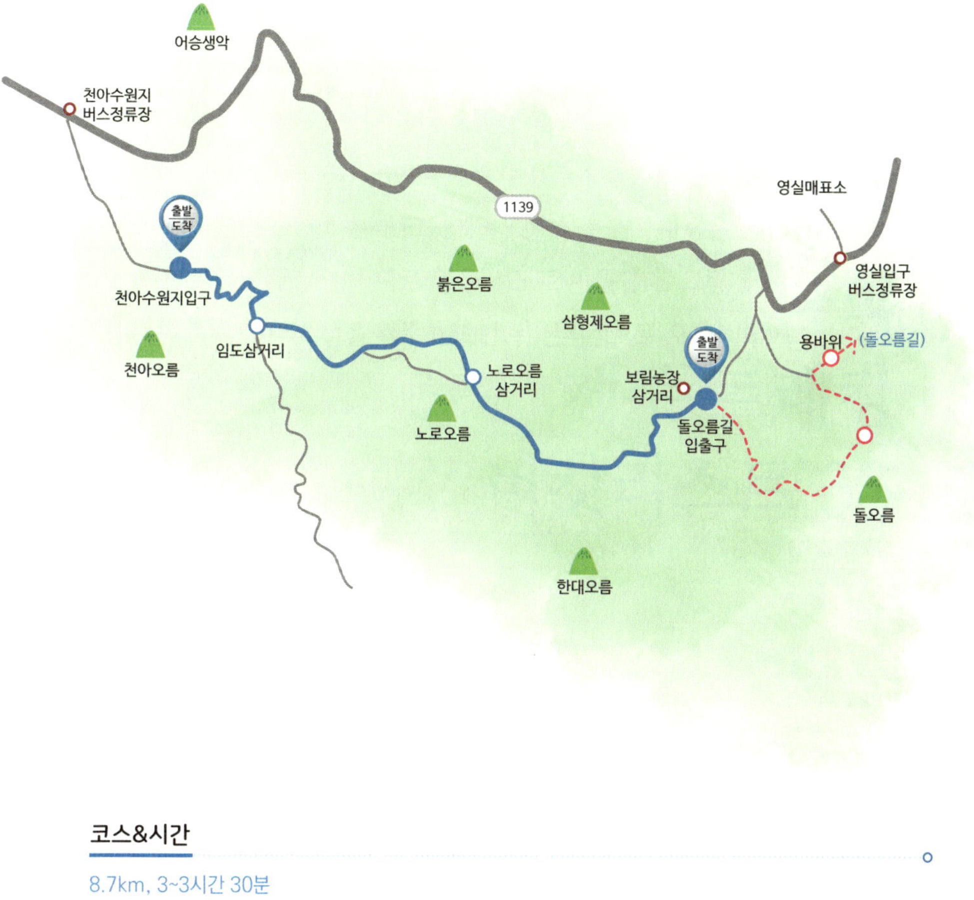

코스&시간

8.7km, 3~3시간 30분

천아수원지 입구 → 임도삼거리 → 노로오름 삼거리 → 보림농장 삼거리 → 돌오름길 입출구

17. 한라수목원

　　제주시에 위치해 있어 접근성이 상당히 좋은 한라수목원은 많은 여행객들이 제주도를 떠나기 전에 들르는 곳이다. 남은 항공편 시간까지 시간을 보내다가 가기에 적합하기 때문이다. 하지만 나는 7년 동안 150번 이상 찾을 정도로 무척이나 마음에 드는 곳으로 특히나 산책하기 더없이 좋다.

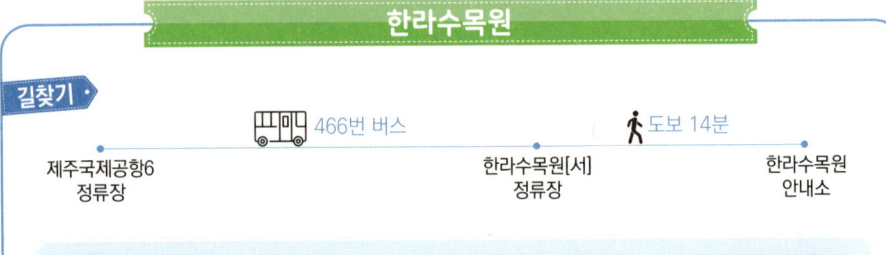

♣ 제주국제공항6(노형,연동) 정류장에서 466번 버스(대체 버스: 465)를 타고 18개 정류장을 이동한 뒤 한라수목원[서] 정류장에서 하차. 도보로 14분 정도 걸으면 한라수목원안내소에 도착한다. (예상 시간: 40분)

　　한라수목원은 말 그대로 나무(樹)와 나무(木)가 가득한 공원(園)이다. 산이나 오름이나 숲이 있는 그대로의 자연을 보여 준다면 한라수목원은 단지 있는 그대로의 자연이라고 할 수는 없다. 하지만 그건 인공이라는 의미도 아니다. 애초에 현대인은 날 것 그대로의 자연을 잠깐이나마 접하는 것도 쉬운 일이 아니다. 산이나 오름이나 숲의 긴 비포장길을 힘들어 하는 사람도 얼마든지 있을 수 있다. 특히 어린아이나 노약자, 장애인에게 그 길을 걷는 건 지옥의 행군이나 마찬가지이다. 그런 사람들에게 한라수목원은 직접 자연 속에 들어가지 않을 수 있으면서도 제주도의 자연이 어떤지를 알아볼 수 있는 곳인 것이다. 그러니 너무 처음부터 본격적으로 자연 속을 거닐기 부담스럽다면 한라수목원부터 시작하기를 추천한다.

코스&시간

약 4.6km, 1시간 30분

한라수목원 앞 버스정류장 → 한라수목원 입구 → 자연생태학습관 → 장미원 → 잔디광장 → 관목원 → 희귀특산수종원 → 광이오름 → 수생식물원 → 화목원 & 교목원 → 한라수목원 입구 → 한라수목원 앞 버스정류장

18. 제주올레 7코스

　　제주올레 27개 코스 중 가장 먼저 갔던 코스이고, 가장 많은 사람들이 최고라고 손꼽는 곳이 제주올레 7코스이다. 제주올레 여행자센터를 출발하여 외돌개를 지나 제주바닷가를 걷는다. 7코스의 아름다운 바닷가를 걸으며 많은 이들이 마음의 치유를 얻는다.

제주올레 7코스: 제주올레 여행자센터-월평 올레

길찾기

제주국제공항2 정류장 →(181번 버스)→ 서귀포환승정류장(서귀포등기소) → 중앙로터리[서] 정류장 →(635번 버스)→ 천지동주민센터 정류장 →(도보 5분)→ 제주올레 여행자센터

♣ 제주국제공항2(일주동로,516도로) 정류장에서 181번 버스(배차 간격이 길다)를 타고 15개 정류장을 이동한 뒤 서귀포환승정류장(서귀포등기소) 정류장에서 하차. 중앙로터리[서] 정류장에서 635번 버스(대체 버스: 612, 630, 635)를 타고 2개 정류장을 이동한 뒤 천지동주민센터 정류장에서 하차. 도보로 5분 정도 걸으면 제주올레여행자센터에 도착한다. (예상 시간: 1시간 27분)

　　제주올레 7코스는 총 길이가 17.6km나 되어서 결코 만만한 길이 아니다. 그럼에도 불구하고 코스에 사람이 없는 경우가 없다. 럭키 세븐이라는 단어를 여기에도 적용해야 하나 싶을 정도이다. 물론 이 길을 7코스로 지정한 분들이 그런 것을 노리고 하진 않았을 테지만 말이다.

　　이 길은 깨끗하게 정돈된 곳이 많아서 보는 즐거움만 있는 것이 아니라 편히 걷는 즐거움도 있다. 그리고 그 모든 것은 그만큼 사람의 손이 탄 것이며, 그만큼 제주올레길을 정돈하기 위해 힘쓴 사람들이 있었다는 것을 뜻한다. 실제로 가장 인기 있는 길인 수봉로는 올레지기 김수봉 님이 손수 길을 만들어서 사람이 걸어 다닐 수 있게 하였고, 제주올레에서 일일이 손으로 돌을 골라 만든 '일강정 바당 올레'길도 있다. 그러니 올레길은 단순히 자연이 내려준 길이 아니다. 오히려 있는 그대로의 자연은 결코 인간에게 친절하지 않다. 인간이 마음 편히 걸을 수 있는 길은 그 길을 갈고 닦은 누군가가 있었음을 결코 잊지 않아야 하는 것이다.

코스&시간

17.6km, 5~6시간

제주올레 여행자센터 → 칠십리시공원 → 삼매봉오르는길 → 삼매봉 팔각정 → 폭풍의언덕 → 외돌개전망대 → 돔베낭길 주차장 → 속골 → 수봉로 → 법환 포구 → 일강정 바당올레 → 서건도 앞 → 올레요7쉼터 → 강정천 → 동심어린이집 → 월평 포구 → 굿당 산책로 → 월평마을 아왜낭목

19. 아부오름

많은 영화의 배경이 되고, TV에서도 자주 나온 오름으로 풍광이 아름답다. 3~5분이면 정상에 올라갈 수 있고, 능선을 따라 30분을 걸을 수 있는 편한 트레킹 코스이다. 입장료도 없고, 그 어떤 오름보다 형태가 특이하고 독특하다.

아부오름

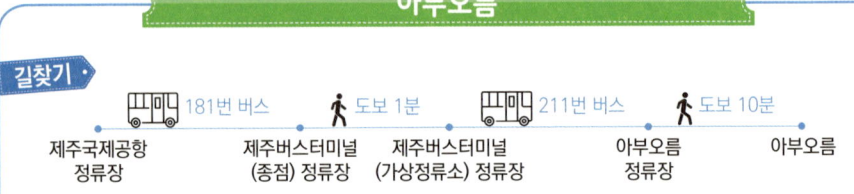

♣ 제주국제공항 정류장에서 181번 버스(대체 버스: 102, 151, 152)를 타고 1개 정류장을 이동한 뒤 제주버스터미널(종점) 정류장에서 하차. 도보로 1분 정도 걸어 제주버스터미널(가상정류소) 정류장에서 211번 버스(배차 간격이 길다)를 타고 33개 정류장을 이동한 뒤 아부오름 정류장에서 하차. 도보로 10분 정도 걸으면 아부오름에 도착한다. (예상 시간: 1시간 33분)

아부라고 하면 양손을 싹싹 비비며 하는 아부를 떠올릴 수 있는데 여기에서의 아부는 그 아부가 아니다. 여기에서의 아부는 亞父로, 이 오름이 생긴 게 산이 움푹 파여 있어서 어른이 믿음직하게 앉아 있는 모습과 같다 하여 붙은 이름이다. 대체 어떻게 생겼기에 그런 이름이 붙었는지 궁금할 텐데 그건 직접 찾아가서 확인할 수밖에 없다. 이 기기묘묘한 생김새를 어떻게 말로 다 표현할 수 있을까. 인터넷에 올라온 사진을 보아도 그건 결국 사람의 눈으로 본 것을 온전히 담아낸 것이 아니다. 그러니 정말로 그 모습을 온전히 보고 즐기기 위해서는 직접 찾아가고, 올라가보는 것밖에 없는 것이다.

코스&시간

1. 아부오름 코스: 약 2.1km, 1시간
아부오름 입구 → 아부오름 정상 → 아부오름 분화구 둘레길 → 아부오름 입구

2. 아부오름-백약이오름-좌보미오름 코스: 약 7.3km, 3시간
아부오름 입구 → 아부오름 정상 → 아부오름 입구 → (수산2리 길) → 백약이오름 입구 → 백약이오름 정상 → 백약이오름 입구 → (수산2리 길) → 좌보미오름 입구 → 좌보미오름 정상 → 좌보미오름 입구

20. 물영아리오름

람사르 습지에 등록된 몇 안 되는 오름으로 정상의 분화구에서 다양한 자연의 소리를 들을 수 있다. 혼자라면 말이다. 길도 잘 정비되어 있고, 직선으로 이어지는 800개 이상의 계단도 인상적이다. 나는 분화구에서 들었던 맹꽁이 소리와 노루의 눈빛을 잊을 수가 없다.

물영아리오름

길찾기

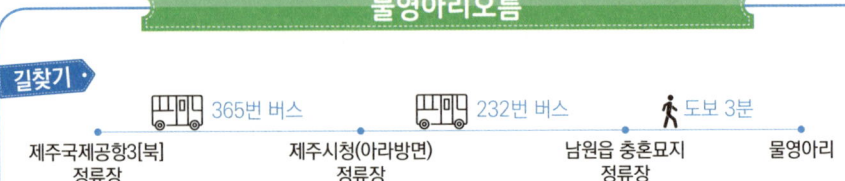

제주국제공항3[북] 정류장 — 365번 버스 — 제주시청(아라방면) 정류장 — 232번 버스 — 남원읍 충혼묘지 정류장 — 도보 3분 — 물영아리

♣ 제주국제공항3(용담,시청)[북] 정류장에서 365번 버스(대체 버스: 370)를 타고 13개 정류장을 이동한 뒤 제주시청(아라방면) 정류장에서 하차. 그대로 그 정류장에서 232번 버스를 타고 36개 정류장을 이동한 뒤 남원읍 충혼묘지, 물영아리[서] 정류장에서 하차. 도보로 3분 정도 걸으면 물영아리에 도착한다. (예상 시간: 1시간 10분)

제주도에 있는 오름 이름들은 하나같이 참 특이하다고 생각할 수 있는데 물영아리오름 또한 그렇다. 물영아리, 물영아리. 입 안에서 몇 번을 굴려봐도 이게 어떻게 생겨난 단어인지 추측하기가 어렵다. 그리고 물영아리의 이름이 '물'이 분화구에 물이 고인 습지가 있어서이고, 신령스러운 산이란 뜻의 '영아리'가 합쳐져서 만들어진 것이라는 걸 알면 더더욱 그렇다. 이 이름의 유래를 한 번에 맞추는 사람이 있다면 그 사람은 제주두 사람이거나 제주도 시투리 박사일 것이다.

물영아리오름은 다른 오름과 달리 특이하게 분화구에 습지가 있다. 호수도 아니고 강도 아니고 습지가 있다. 게다가 이 습지는 2006년에 세계적인 습지 보호 단체에서 보호 구역으로 지정하였다. 그 대단한 곳은 어디에 있나? 바로 제주도의 물영아리오름에 있는 것이다.

코스&시간

약 3.6km, 1시간 30분

물영아리 탐방안내소 → 물영아리 오름 입구 → 물영아리 정상 → 물영아리오름 습지 → 물영아리 정상 → 전망대 → 능선길 → 물영아리오름 입구 → 물영아리 탐방안내소

21. 노꼬메오름

　　제주 서쪽 지역의 오름들 중 랜드 마크인 노꼬메오름은 다소 힘들다. 큰노꼬메오름 주차장에서 출발하면 40여 분을 등산하듯 올라야 정상에 도착한다. 하지만 그 덕분에 정상에서의 풍광은 가히 압권이다. 한라산의 전체적인 모습이 한눈에 들어오고, 제주 북쪽 지역을 한꺼번에 조망할 수 있다.

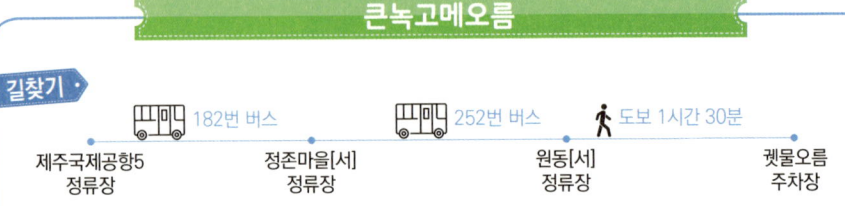

♣ 제주국제공항5(평화로, 800번) 정류장에서 182번(배차 간격이 길다) 버스를 타고 3개 정류장을 이동한 뒤 정존마을[서] 정류장에서 하차. 그대로 그 정류장에서 252번 버스(대체 버스: 251, 253, 254, 282)를 타고 16개 정류장을 이동한 뒤 원동[서] 정류장에서 하차. 도보로 1시간 30분 정도 걸으면 궷물오름 주차장에 도착한다. (예상 시간: 2시간 15분)

　　녹고메오름은 노꼬메오름이라고도 불리는데 이 '노꼬'의 어원은 도통 알 수가 없다. 한자로는 녹고(鹿古, 鹿高)로 표기되어 있긴 한데 이게 사슴이 살아서 그랬던 것인지는 확실하지 않은 것이다.

　　아무튼 이 오름은 큰노꼬메오름과 족은노꼬메오름으로 나뉘어져 있는데 이 둘이 나란히 위시하고 있어서 '형제오름'이라고도 불린다. 큰노꼬메오름은 말 그대로 크고 높다. 하지만 족은노꼬메오름은 결코 작지 않다. 작은 고추가 맵듯, 작은 오름이 호라고락하게 정상을 내주지 않는 것이다. 그리고 큰 쪽이든 작은 쪽이든 나름의 멋이 있으므로 두 곳 모두를 올라보는 것이 좋다.

코스&시간

궷물-큰노꼬메-족은노꼬메오름 코스: 2시간~2시간 30분 소요

궷물오름 주차장 → 궷물오름 둘레길 → 갈림길A → 계곡 숲길 → 갈림길B → 큰노꼬메오름 → 큰노꼬메 주차장 → 제2쉼터 → 갈림길B → 족은노꼬메둘레길 → 갈림길A → 궷물오름 주차장

22. 제주올레 9코스

　　제주올레 코스 중 가장 힘든 코스이다. 대부분 제주올레길이 평지인 반면 9코스는 오르막과 내리막이 심한 편이다. 그래도 몰질과 군산으로 이어지는 길은 최고이다.

제주올레 9코스: 대평-화순 올레

길찾기

제주국제공항5 정류장 —  182번 버스 — 도보 1분 — 중문환승 정류장 (중문우체국)[남] —  633번 버스 — 도보 20분 — 중문환승 정류장 (중문우체국)[북] — 돔뱅이왓 — 대평포구 스탬프 찍는 곳

♣ 제주국제공항5(평화로,800번) 정류장에서 182번 버스(배차 간격이 길다)를 타고 8개 정류장을 이동한 뒤 중문환승정류장(중문우체국)[남] 정류장에서 하차. 도보로 1분 정도 걸어 중문환승정류장(중문우체국)[북] 정류장에서 633번 버스를 타고 17개 정류장을 이동한 뒤 돔뱅이왓에서 하차. 도보로 20분 정도 걸으면 대평포구 스탬프 찍는 곳에 도착한다. (예상 시간: 1시간 38분)

　　제주올레 9코스는 대평포구에서 시작하여 화순금모래해수욕장까지 가는 길인데 초반에 몰질이라는 곳을 지나게 된다. 몰질이 뭐냐 하면 말이 다니던 길이다. 그것도 한두 마리가 다니는 길이 아니라 말을 몰고 다니던 길이다. 사람은 서울로 보내고 말은 제주로 보내라는 말처럼 제주도에는 말이 참으로 많았다. 그러니 말을 떼로 데리고 다니는 길을 뜻하는 단어가 생긴 것이다. 상상하지 못하는 것, 현실에 없는 것, 말로 표현할 필요가 없는 것을 단어로 만들지 않는다는 것을 새삼 실감하게 되는 것이다. 그런 점을 생각하면 현재는 절망과 포기가 담긴 말이 참 많다. 현내 사회가 예전보다 더 각박한 것이 사실이라지만 일찌감치 모든 것을 포기하고 주저앉을 필요는 없지 않을까 싶다. 태어나고 싶어 태어난 사람은 없다지만 그렇다고 해서 일찍 떠날 필요는 없지 않을까. 그러니 만일 지금 현재에 지친 사람이 있다면 제주도로 가자. 그리고 제주올레길을 걸어 보자. 제주올레에서만 맛볼 수 있는 풍경을 한껏 맛보자. 괴로움에 빠져 있는 것은 그 다음에 해도 늦지 않을 것이다.

제주올레
9코스

코스&시간

11.8km, 3~4시간
대평 포구 → 몰질입구 → 대흥사 삼거리 →
군산숲길입구 → 군산오름 정상부 → 안덕계곡
→ 창고천다리 → 화순금모래 해수욕장

23. 사라봉-별도봉 트레킹

낙조로 유명한 사라봉이지만 바로 옆에 붙어있는 별도봉까지 해서 산책코스로도 유명하다. 제주시내에 위치해 있어 언제 가도 사람들이 많지만 매우 넓어서 혼자 즐기기에도 충분히 좋다. 사라봉과 별도봉으로 이어지는 트레킹 코스는 건강장수벨트라고도 불린다.

♣ 제주국제공항3(용담,시청)[북] 정류장에서 316번 버스(대체 버스: 325, 326)를 타고 13개 정류장을 이동한 뒤 사라봉[남] 정류장에서 하차. 도보로 10분 정도 걸으면 사라봉에 도착한다. (예상 시간: 31분)

사라봉(沙羅峰)은 아름다운 이름에 걸맞게 붉은 노을이 지는 모습이 더없이 아름답다. 사라봉에 올라 노을이 지는 것을 보고 있노라면 사람은 떠오르는 해만이 아니라 지는 해에서도 아름다움을 느낄 수 있단 사실을 다시금 실감하게 된다. 실제로 봄의 벚꽃도 단지 가지에 매달린 꽃만을 보는 것이 아니라 그것이 떨어져 만들어진 길을 걸으며 기뻐하지 않는가. 피어야 할 때 피어나는 것의 아름다움도 있지만 져야 할 때 깨끗하게 지는 것의 아름다움도 있는 법이다. 그렇기에 사람은 끼어야 할 때 끼는 것만이 전부가 아니라 빠져야 할 때 빠지는, 낄끼빠빠가 참으로 중요하다고 말하는 것이 아닐까 싶다.

사라봉
별도봉
트레킹

코스&시간

2시간~2시간 30분

사라봉 입구 → 사라봉 → 사라봉·별도봉 출입로 갈림길 → 별도봉 → 사라봉둘레길

V. 나의 제주 트레킹 버킷리스트 33

24. 쫄븐갑마장길

　　20km가 넘는 갑마장길 중 10.3km의 핵심지역만 걷는 길이다. 쫄븐갑마장길 중에서도 나는 따라비오름과 큰사슴이오름까지의 구간을 특히 좋아한다. 이 구간을 달리는 마라톤 대회도 참석한 적이 있다. 풍광이 매우 좋지만 교통편이 불편하다는 단점은 있다.

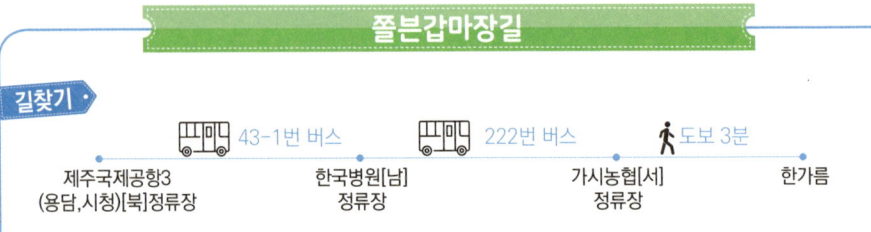

♣ 제주국제공항3(용담,시청)[북] 정류장에서 43-1번 버스를 타고 6개 정류장을 이동한 뒤 한국병원[남] 정류장에서 하차. 그대로 그 정류장에서 222번 버스를 타고 59개 정류장을 이동한 뒤 가시농협[서] 정류장에서 하차. 도보로 3분 정도 걸으면 한가름에 도착한다. (예상 시간: 1시간 28분)

　　갑마장길 코스는 가시리 마을에 위치한 가시리 디자인 카페(한가름)에서 출발하여 다시 이 카페로 돌아오는 코스이다. 그리고 쫄븐갑마장길은 그보다는 짧은 코스로 따라비오름과 큰사슴이오름을 지나는 코스인데, 갑마장길 자체가 워낙 길다보니 그걸 축소했다고 해도 상당히 긴 편이다. 애초에 오름을 2개나 거치는 코스이니 짧을 수가 없다. 게다가 중간에 쉬어 갈 만한 가게도 없다시피 하므로 제주올레길을 생각하며 도전했다간 큰 코 다칠 수 있다. 인적마저도 드문 곳이므로 사람들이 그나마 찾는 주말에 오는것이 낫다.

코스&시간

10.3km, 3~4시간
행기머체 → 가시천 → 따라비오름 → 잣성 → 국궁장 → 큰사슴이오름(대록산) → 유채꽃프라자 → 꽃머체 → 행기머체

25. 삼다수숲길

내가 선정한 제주의 3대 숲길 중 하나로 꼽는 삼다수숲길은 자연 그대로의 숲길이다. 아직도 많은 이들이 찾지 않는 곳이라 다소 인적이 드물기는 하다. 하지만 그 고요함 때문에 내가 가장 좋아하는 숲길이다.

♣ 제주국제공항1(표선,성산,남원) 정류장에서 122번 버스(대체 버스: 112, 132)를 타고 10개 정류장을 이동한 뒤 교래사거리[남] 정류장에서 하차. 도보로 8분 정도 걸으면 교래리종합복지회관에 도착한다. (예상 시간: 54분)

예전에 그런 일이 있었다. 나라에서 시판되는 생수의 품질을 검사하였는데 삼다수 숲의 이름과 같은 이름을 쓰는 생수를 포함하여 몇 개 되지 않는 생수만이 검사를 통과하였다. 그래서인지 삼다수숲이라고 하면 아주 깨끗하고 또 깨끗할 것이라는 생각이 절로 든다. 그리고 실제로도 깨끗하다. 고요하고 맑고 평화롭다. 이렇게 깨끗한 곳이 헌대까지도 남아 있는 곳이기에 그곳에서 나오는 물도 맑을 수밖에 없다는 생각이 들 정도이다.

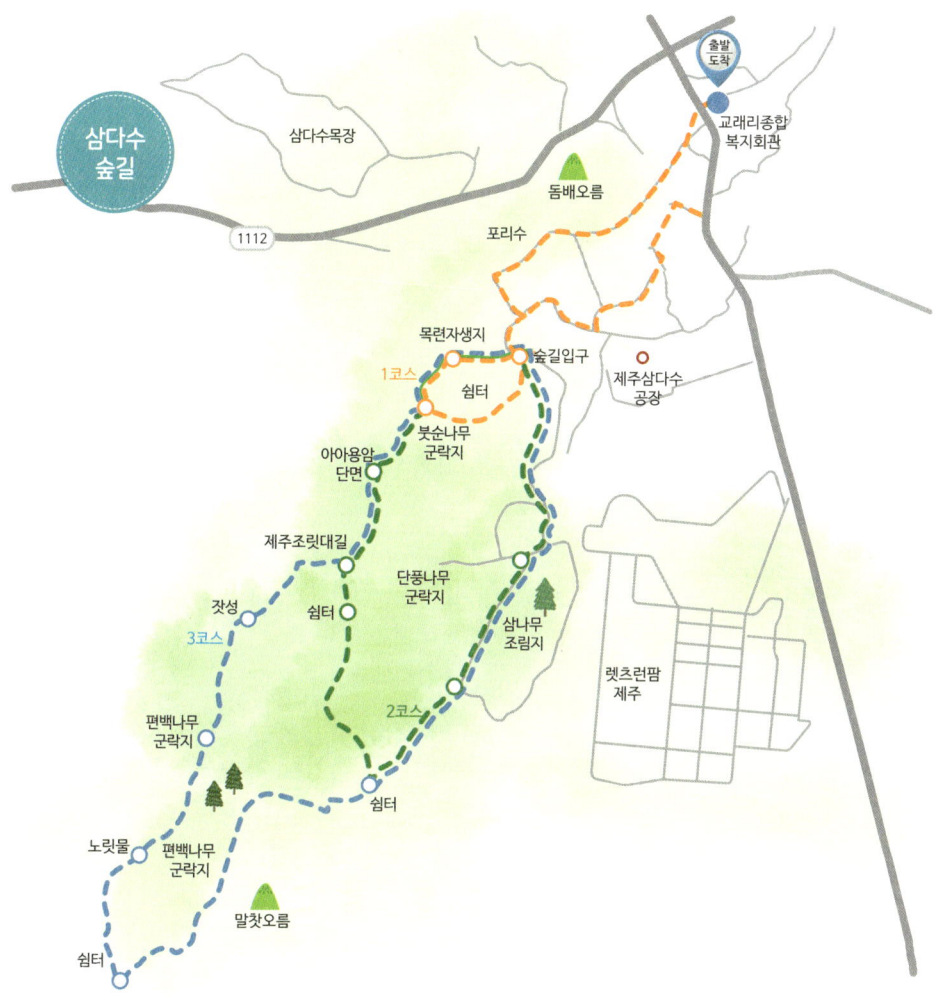

코스&시간

1코스 꽃길: 약 1.2km, 30분 소요
교래종합복지관 출발 → 숲길 입구 → 붓순나무 군락지 → 목련자생지 → 숲길 입구 → 교래종합복지관 도착

2코스 테우리길: 약 5.2km, 1시간 30분 소요
교래종합복지관 출발 → 숲길 입구 → 목련자생지 → 붓순나무 군락지 → 아아용암단면 → 제주조릿대길 → 삼나무 조림지 → 숲길 입구 → 교래소공원 도착

3코스 사농바치길, 사냥꾼길: 약 7.8km, 2시간 30분 소요
교래종합복지관 출발 → 숲길 입구 → 목련자생지 → 붓순나무 군락지 → 아아용암단면 → 잣성 → 노릿물 → 편백나무 군락지 → 삼나무 조림지 → 숲길 입구 → 교래소공원 도착

26. 저지오름

　　아름다운 숲길로 선정된 적이 있는 저지오름은 정상에서의 전망도 좋지만 둘레길도 좋다. 다른 오름들과는 다르게 숲이 울창하여 여름에도 걷기 좋은 곳이다. 제주올레 13코스의 마지막 부분으로 제주올레 14코스와 14-1코스가 만나는 지점이라 자주 찾곤 한다.

저지오름

길찾기

제주국제공항4 정류장 — 151번 버스 — 오설록 정류장 — 도보 1분 — 제주오설록 티뮤지엄 정류장 — 771-1번 버스 — 저지리[동] 정류장 — 도보 5분 — 저지오름

♣ 제주국제공항4(대정,화순,일주서로)에서 151번 버스를 타고 7개 정류장을 이동한 뒤 오설록 정류장에서 하차. 도보로 1분 정도 걸어 제주오설록 티뮤지엄 정류장에서 771-1번 버스를 타고 14개 정류장을 이동한 뒤 저지리[동] 정류장에서 하차. 도보로 5분 정도 걸으면 저지오름에 도착한다.
(예상 시간: 1시간 12분)

　　저지오름은 제주올레 13코스의 마지막 구간으로 제주올레 14코스와 14-1코스와도 만나는 지점이다. 저지오름은 낮은 오름이지만 그렇다고 해서 볼 것이 없는 것은 아니다. 정상까지 오르면 한라산도 볼 수 있고, 비양도나 가파도도 볼 수 있다. 하지만 정상만 볼 게 있는 것이 아니라 밑의 둘레길도 충분히 아름답다. 둘레길은 1.5km로 완만하며 둘레길이 끝나는 지점에 정상으로 가는 계단이 있다. 둘레길을 천천히 걷고 정상까지 천선히 오르고 다시 천천히 내려와 또 한 번 천천히 둘레길을 걸어 나가는 것이다. 이렇게 보면 위에 오르는 건 한순간이고 위에 올라가는 것과 다시 내려오는 것이 정말로 '오르는 것'임을 알 수 있다. 그 사실을 잊고 사는 사람이 많은 현대에 안타까움을 금할 길이 없다.

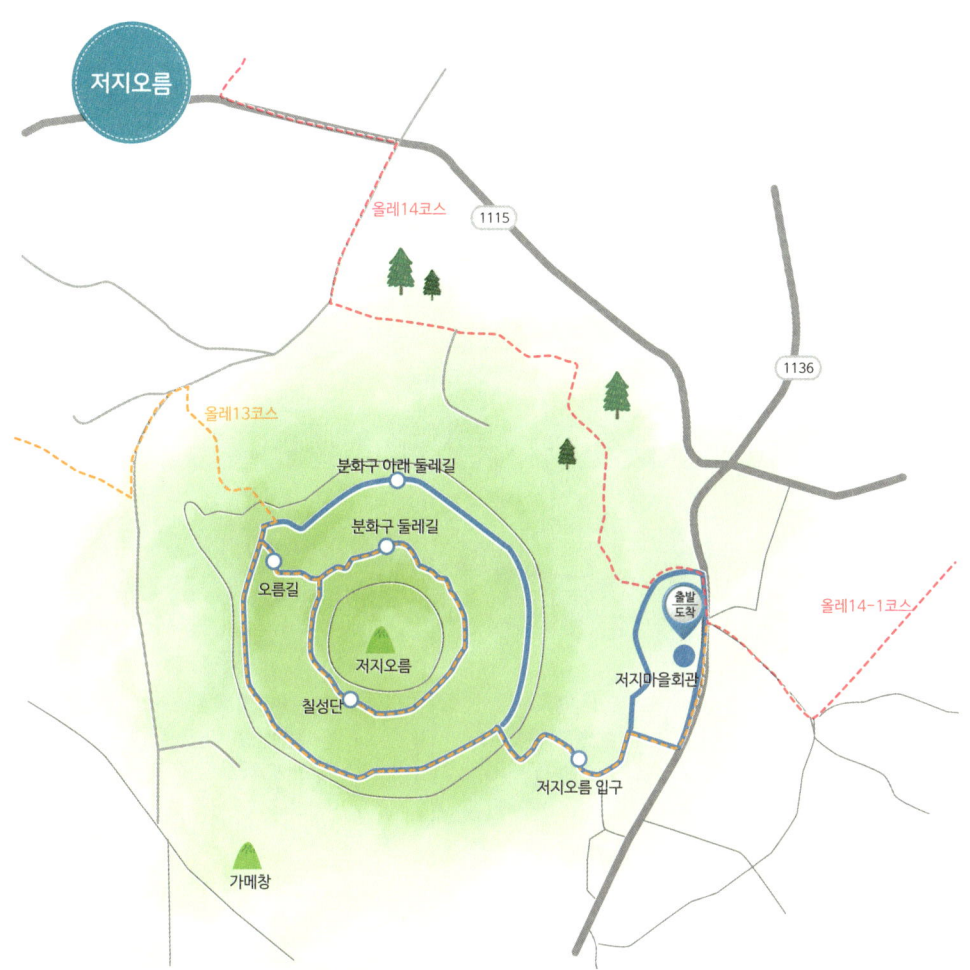

코스&시간

약 1.9km, 30분~1시간

저지마을회관 → 저지오름 입구 → 저지오름 아래 둘레길 → 오름길 → 저지오름 분화구 둘레길 → 저지오름 정상(전망대) → 저지오름 분화구 둘레길 → 오름길 → 저지오름 아래 둘레길 → 저지오름 입구 → 저지마을회관

27. 한라산둘레길 동백길

한라산둘레길 조성초기에는 1코스라고 불렸던 동백길(현재는 4코스)은 1코스답게 한라산둘레길 중 가장 멋진 코스이다. 동백꽃뿐만 아니라 다양한 식생을 접할 수 있고, 다양한 제주자연의 모습을 만끽할 수 있다. 주중에는 인적이 드물지만 주말에는 많은 사람들이 찾는 곳으로 안전하게 걸을 수 있다.

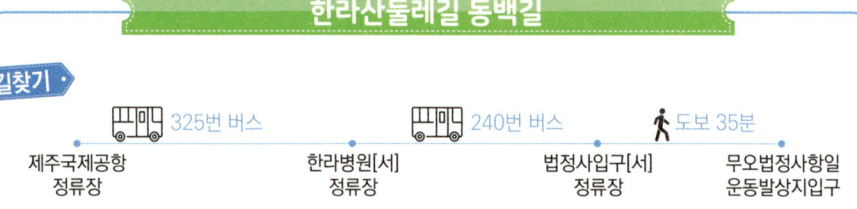

♣ 제주국제공항 정류장에서 325번 버스(대체 버스: 326)를 타고 7개 정류장을 이동하여 한라병원[서] 정류장에서 하차. 그대로 그 정류장에서 240번 버스를 타고 23개 정류장을 이동한 뒤 법정사입구[서] 정류장에서 하차. 도보로 35분 정도 걸으면 무오법정사항일운동발상지입구에 도착한다. (예상 시간: 1시간 50분)

제주도 관광지 이름 중에는 이렇게 직관적인 이름도 없지 않다. 동백길은 말 그대로 동백나무가 많기에 지어진 이름이다. 실제로 동백길은 출입구부터 동백나무숲이 있다. 4.3유적지를 지나고 시오름을 지나, 편백나무숲과 돈내코 계곡을 지나서 수악길로 나가는 코스이나. 이렇게 코스 이름에마저 붙여 놓을 징도로 동백나무가 많은 곳이니 자연히 겨울에 오는 것을 추천할 수밖에 없다. 새하얀 눈 위에 새빨간 동백이 흐드러지게 피어난 장관은 겨울에만 볼 수 있는 것이기 때문이다.

코스&시간

11.3km, 4~5시간

무오법정사 입구(버스정류소) → 동백길안내센터 → 무오법정사 → 어점이악 삼거리 → 시오름 삼거리 → 표교재배장 → 수악길 입출구

28. 제주올레 15-A코스

내가 가장 많이 간 제주올레 코스는 15-A코스이다. 자원봉사를 위해서도 자주 갔었고, 혼자서도 여러 번 걸었다. 유명하지 않은 코스라 조용히 걷기에는 제격이다. 몇 년전에 개장된 제주올레 15-B코스는 제주올레 3대 코스 중 하나가 될 가능성이 있을 정도로 마음에 든다.

제주올레 15-A코스: 한림-고내 올레

길찾기

제주국제공항4 정류장 → [102번 버스] → 한림환승 정류장(한림리) → [783-1번 버스] → 한림여자중학교[서] 정류장 → [도보 7분] → 한림항

♣ 제주국제공항4(대정,화순,일주서로) 정류장에서 102번 버스를 타고 6개 정류장을 이동한 뒤 한림환승정류장(한림리) 정류장에서 하차. 그대로 그 정류장에서 783-1 버스(대체 버스: 784-1, 784-2)를 타고 2개 정류장을 이동한 뒤 한림여자중학교[서] 정류장에서 하차. 도보로 7분 정도 걸으면 한림항에 도착한다. (예상 시간: 1시간 7분)

제주올레 15코스는 A코스와 B코스로 나누어진다. 둘 다 한림항에서 시작하여 고내포구에 도착하는 것은 같지만 그 중간과정이 확연히 다르다. A코스는 내륙을 걷고 B코스는 바닷가를 걷는다. 출발지도 목적지도 같지만 그곳으로 가는 길이 내륙이든 바닷가든 전부 아름답기에 내놓은 궁여지책이라 감히 생각해 본다. 실제로 A코스도 B코스도 버릴 곳 하나 없는 코스이다. 산을 더 좋아하는지, 바다를 더 좋아하는지를 통해 선호도가 달라질 수는 있지만 그렇다고 해서 내가 택하지 않은 길이 좋은 길이 아니라고 말하는 사람은 없기 때문이다. 더 좋아하는 길을 택했을 뿐이지, 싫은 길이어서 가지 않은 게 아니기 때문이다. 만약 산도 바다도 포기할 수 없다면 시간은 조금 걸리더라도 두 코스를 전부 완주할 수도 있다. 제주올레길의 매력을 알고 있다면 어느 쪽도 포기하고 싶지 않기 때문이다.

제주올레
15-A코스

코스&시간

A코스: 16.5km, 5~6시간
한림항(비양도 도항선 선착장) → 대수 포구 → A-B갈림길 수원농로 → 수원리 사무소 → 영새성물 → 그루터기쉼터 → 선운정사 → 바들못 농로 → 혜린교회 → 납읍숲길 → 금산공원 → 백일홍길 → 과오름 둘레길 입구 → 도새기 숲길 → 고내봉 입구 → 배염골 → 고내포구

B코스: 13km, 4~5시간
한림항(비양도 도항선 선착장) → 대수 포구 → A-B갈림길 수원농로 → 켄싱턴리조트한림점 → 제주한수풀해녀학교 → 귀덕1리 어촌계복지회관 → 금성천 정자 → 용문사 → 곽지해수욕장 → 한담해안 산책로 → 하이클래스제주 → 애월초등학교 뒷길 → 먼물습지 → 고내포구

29. 제주올레 18-1코스

제주도이지만 제주가 아닌 것 같은 추자도이다. 배를 타고 40분 이상 가야 하는 번거로움은 있지만 매력적인 섬이다. 제주올레 18-1코스는 네 번의 제주올레 완주를 매번 마무리했던 곳이다.

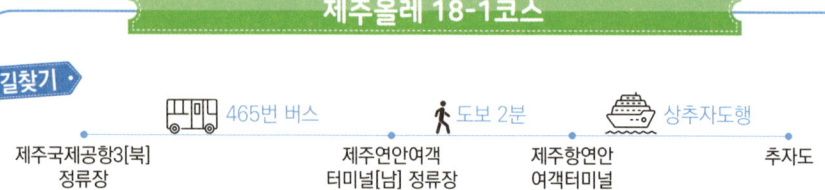

♣ 제주국제공항3(용담,시청)[북] 정류장에서 465번 버스(배차 간격이 길다)를 타고 12개 정류장을 이동한 뒤 제주연안여객터미널[남] 정류장에서 하차. 도보로 2분 정도 걸으면 제주항연안여객터미널에 도착한다. (예상 시간: 20분)
제주항연안여객터미널에서 배를 타고 추자도로 갈 수 있는데 09:30, 17:30에만 상추자도로 향하는 배가 있으므로 시간을 맞춰 가지 않으면 헛수고만 할 수 있다.

　제주올레 18-1코스는 총 길이가 11.4km로 긴 코스이기에 가파도를 생각하며 덤벼들었다간 그대로 나가떨어질 수 있는 길이다. 게다가 추자항 부근 외에는 식당이고 뭐고 없다. 맨손으로 덤벼들었다간 현대판 각설이가 되어 다른 사람에게 먹을 것을 구걸해야 할지도 모른다. 그러니 자신이 정말로 이곳을 돌파할 수 있는 체력이 되는지는 물론이거니와 식료품을 짊어지고 그 먼 길을 돌 수 있는지도 생각해 봐야 한디. 정말 아무 짐도 없이 돌면 또 모르겠지만 아무것도 먹지 않고 11.4km를 걸을 수 있는 사람은 없으니 먹을 것과 마실 것을 들고 돌아다녀야 하고, 그 와중에 산도 몇 개를 넘어야 한다. 결국 다른 길과 비교하여 짐을 한껏 들고 다녀야 한다. 그러니 자신의 한계를 꼼꼼히 파악하고 도전해야 한다.

코스&시간

약 11.4km, 4~5시간

추자항(추자면사무소) → 최영장군 사당 → 봉글래산 → 순효각 → 추자처사각 → 추자등대 → 추자교 → 은달산길 → 담수장길 → 돈대산 정상 → 학교가는 샛길 → 예초 포구 → 예초리 기정길 → 황경한의 묘 → 신양항

30. 금오름

　차가 정상까지 올라갈 수 있었던 유일한 오름이었다. 분화구 능선을 따라 걷는 것도 좋고, 분화구까지 내려가 보는 것도 색다른 경험이 된다. 비양도가 보이는 제주서쪽 바다를 조망하기도 좋고, 한라산 전망도 좋고, 샛별오름 등 오름군락도 멋지다.

금오름

길찾기

제주국제공항4 정류장 →(820-1번 버스)→ 동광환승 정류장6 (모슬포방면) → 동광환승 정류장3 (한림방면) →(783-2번 버스)→ 이시돌 삼거리[동] 정류장 →(도보 20분)→ 금오름

♣ 제주국제공항4(대정, 화순, 일주서로)에서 820-1번 버스를 타고 4개 정류장을 이동한 뒤 동광환승정류장6(모슬포방면) 정류장에서 하차. 동광환승정류장3(한림방면) 정류장에서 783-2번 버스(대체 버스: 783-1)를 타고 1개 정류장을 이동한 뒤 이시돌 삼거리[동] 정류장에서 하차. 도보로 20분 정도 걸으면 금오름에 도착한다. (예상 시간: 1시간 31분)

　금오름은 그 많은 오름 중에 차로 정상까지 오를 수 있었던 유일한 오름이었다. 하지만 지금은 자동차 통행이 금지되어서 도보로만 정상까지 오를 수 있게 되었다. 단골만 알던 맛집이 너무 뜨는 바람에 이런저런 제약이 붙게 된 것과 마찬가지이다. 분명 이곳의 맛을 더 많은 사람이 알면 좋겠다고 생각했었는데 정작 이런 일이 벌어지면 어쩐지 아쉬운 것이, 참 사람 마음처럼 교활한 것도 없다는 생각이 든다.

　그래도 금오름에서는 패러글라이딩을 즐길 수 있고 느긋하게 주위 풍경을 구경하며 걸어 올라가는 것도 좋으므로 여전히 금오름에 한번 오르기를 추천한다.

금오름

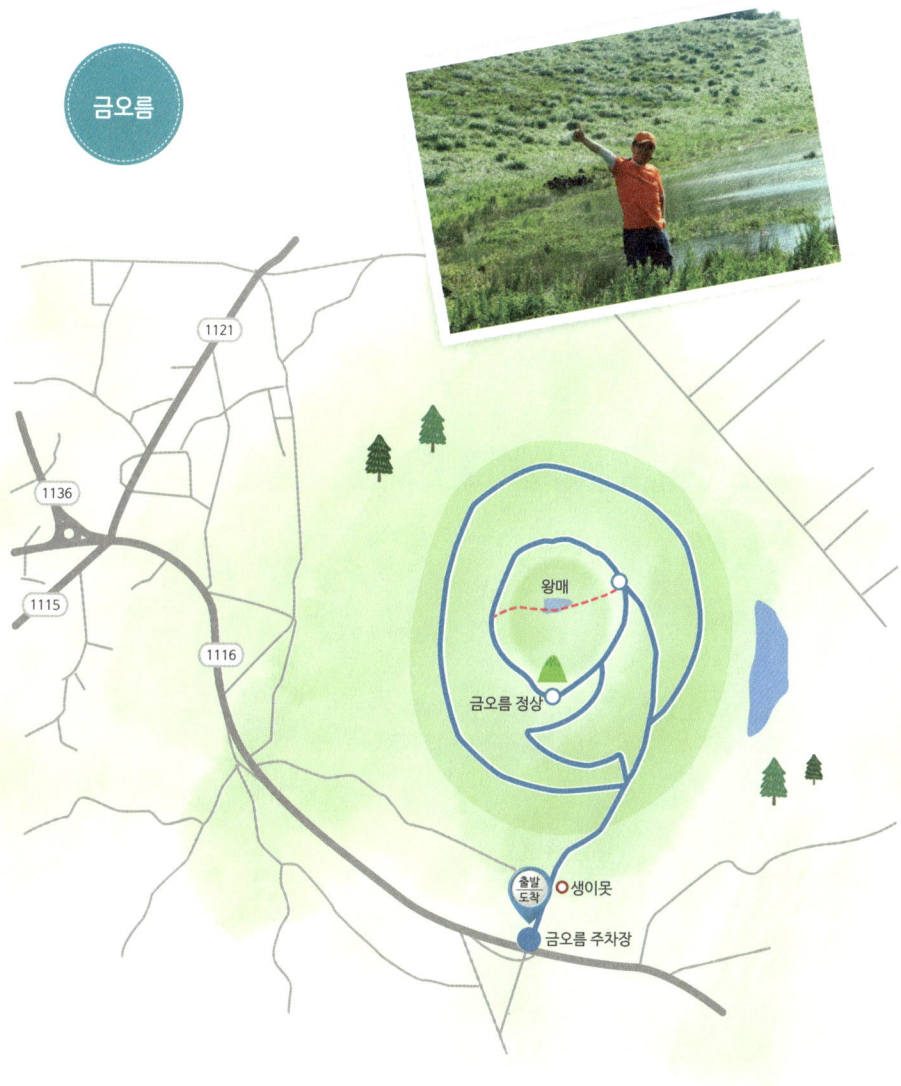

코스&시간

30분~1시간
금오름 주차장 → 생이못 → 왕매 → 금오름 정상 → 왕매 → 생이못 → 금오름 주차장

V. 나의 제주 트레킹 버킷리스트 33

31. 제주올레 20코스

　　바람이 많은 제주올레 20코스는 무척이나 길지만 길게 느껴지지 않은 트레킹 코스이다. 시작하자마자 곧 만나는 김녕해수욕장도 예쁘지만 곧 이어 만나는 월정리해변에서는 쉽게 떠날 수가 없다. 한적한 농로를 따라 한참을 걸으면 어느새 고민들은 사라져 버린다.

제주올레 20코스: 김녕-하도 올레

길찾기

| 제주국제공항2 정류장 | →101번 버스→ | 김녕환승정류장 (김녕초등학교)[님] | →도보 15분→ | 김녕서포구 스탬프 찍는 곳 |

♣ 제주국제공항2(일주동로, 516도로) 정류장에서 101번 버스를 타고 11개 정류장을 이동한 뒤 김녕환승정류장(김녕초등학교)[님] 정류장에서 하차. 도보로 15분 정도 걸으면 김녕서포구 스탬프 찍는 곳에 도착한다. (예상 시간: 1시간 12분)

　　제주올레 20코스는 풍력발전기가 많이도 돌아가는 곳이다. 바람과 돌과 여자가 많아 삼다도라고 불린 제주도에서 풍력발전기를 어디다 지어 놓았을까 궁금하다면 이 코스를 걸어 보자. 엄청나게 불어대는 바람이 그 큰 풍차를 잘도 돌려댄다. 사람은 돌리지도 못할 만큼 큰 날개가 바람결에 움직인다. 내 님에게 전하고 싶은 것을 고이 접어 이 바람결에 닐린다면 바다 건너에 있어도 무사히 닿을 수 있을 것처럼 시원하게도 불어댄다. 어디에서 왔는지도 모르겠지만 어느 순간엔 내 땀을 식혀 주고 사라져버린다. 그 가운데에 있다 보면 어찌하여 옛 사람들이 제주도에 바람이 많다고 얘기하였는지를 실감할 수밖에 없다. 그리고 그 바람과 함께 마지막 코스를 향하여 걸어가는 코스. 그게 바로 이 20코스이다.

코스&시간

17.6km, 5~6시간

김녕서포구 → 옛등대 → 김녕해수욕장 → 성세기태역길 → 환해장성 → 김녕국가풍력실증연구단지 → 하수처리장 앞 → 당처물동굴 뒷길 → 월정마을 안길 → 월정해수욕장 → 행원포구(광해군기착비) → 제주구좌농공단지 → 좌가연대 → 한동해안도로 → 계룡동 마을회관 → 평대해수욕장 → 평대옛길 → 뱅디길 → 세화오일장 → 세화해수욕장 → 제주해녀박물관

32. 군산

　정상 근처까지 차가 올라갈 수 있어 5분이면 멋진 풍광을 볼 수 있는 군산도 자주 찾는 곳이다. 주말에는 정상근처 주차장이 만차라서 당혹스러운 일이 생길 수 있다. 다양한 트레킹 코스가 있어 시작점에서 걸어서 올라갈 수도 있다. 제주 남서쪽 바다가 한눈에 들어오는 전망 좋은 곳이다.

군산오름

길찾기

🚌 820-1번 버스　🚶 도보 1분　🚌 202번 버스　🚶 도보 45분

제주국제공항4 정류장 — 화순환승 정류장(안덕농협)[북] — 화순환승정류장(안덕농협)[남] — 감산입구 정류장 — 군산오름

♣ 제주국제공항4(대정,화순,일주서로)에서 820-1번 버스를 타고 7개 정류장을 이동한 뒤 화순환승정류장(안덕농협)[북] 정류장에서 하차. 도보로 1분 정도 걸어 화순환승정류장(안덕농협)[남] 정류장에서 202번 버스(대체 버스: 532)를 타고 7개 정류장을 이동한 뒤 감산입구 정류장에서 하차. 도보로 45분 정도 걸으면 군산오름에 도착한다. (예상 시간: 1시간 49분)

　군산오름은 차로 정상 근처까지 갈 수 있는 곳이다. 하지만 주차장은 다소 좁다. 그리고 그만큼 사람이 잔뜩 오기에 결코 방심하면 안 된다. 휴일에 산은 오르기 힘들고 숲에 가기도 귀찮은데 군산오름이나 천천히 차 타고 올라갔다가 내려오면 되겠다, 라고 생각하는 사람이 나만이 아니기 때문이다. 길이 왕복 8차선 도로처럼 넓게 포장된 길이 아니므로 천천히 가야 하는데 주차장이 만차 상태여서 다시 돌아오면 또 그만한 시간을 날려야 하는 것이다. 갈 것이라면 최대한 사람 없을 때를 노려서 빨리 가기를 권한다.

코스&시간

군산 정상 코스: 1시간~1시간 20분
군산산책로 → 군산오름 입구A → 군산 정상 → 전망대 → 군산오름 주차장 → 군산오름 입구B → 군산오름 주차장 → 전망대 → 군산 정상 → 군산오름입구A → 군산산책로

33. 제주올레 21코스

　　우리 가족은 해녀박물관을 시작으로 마을을 지나, 들판을 지나, 바다를 거쳐, 별방진도 구경하고 오름인 지미봉까지 오를 수 있는 21코스를 좋아한다. 혼자 찾는 지인에게 강력히 추천하는 제주올레 코스 중 하나이다. 제주올레 21코스는 제주자연의 종합선물세트이다.

제주올레 21코스: 하도-종달 올레

길찾기

제주국제공항2 정류장 → 101번 버스 → 세화환승 정류장(세화리) → 260번 버스 → 해녀박물관 정류장 → 도보 5분 → 제주해녀박물관 스탬프 찍는 곳

♣ 제주국제공항2(일주동로, 516도로) 정류장에서 101번 버스를 타고 14개 정류장을 이동한 뒤 세화환승정류장(세화리) 정류장에서 하차. 그대로 그 정류장에서 260번 버스를 타고 2개 정류장을 이동한 뒤 해녀박물관 정류장에서 하차. 도보로 5분 정도 걸으면 제주해녀박물관 스탬프 찍는 곳에 도착한다.
(예상 시간: 1시간 24분)

　　제주올레 21코스는 제주올레길의 여정을 끝내는 곳이다. 제주올레 1코스가 제주올레길의 여정을 시작하는 코스였다면 제주올레 21코스는 그 기나긴 여정에 종지부를 찍어 주는 코스라고 할 수 있다. 무엇이 되었든 처음이라는 것에 큰 의미가 있는 것처럼 끝에도 큰 의미가 있다. 사람들은 종종 처음을 좋은 것으로 생각하고 끝을 좋지 않은 것으로 생각하지만 그렇지만도 않다. 처음이 있으면 끝이 있고, 끝이 있으면 또 새로운 처음을 맞이할 수 있다. 시작만 있고 끝이 없는 것이야말로 좋지 않은 일이다. 그렇기에 제주올레 21코스는 제주올레 1코스부터 시작한 이들에게 대장정이 끝났음을 알려 주는 고마운 길이다. 처음부터 걸어온 이들에게 참으로 훌륭하였다고, 당신은 끝까지 완주하였다고 말해 주는 길인 것이다. 그리고 여기까지 온 이들은 그 희열을 잊지 못하고 언젠가 또 제주에 찾아올 것이다. 이렇게 끝을 맺는 과정이 없었다면 그저 하염없이 걷기만 하다가 지쳐서 더는 걷지 못했을 것이다. 그런 점을 고려하면 제주올레 21코스는 그 어떤 코스보다도 더 사람들이 제주도로 돌아오게 만드는 코스일지 모른다.

제주올레 21코스

* 21코스 시작점 간세는 장편한외과 기부로 제작되었습니다.

코스&시간

11.3km, 3~4시간

제주해녀박물관 → 면수동마을회관 → 낯물밭길 → 별방진 → 석다원 → 토끼섬 → 새싹꿈터 → 하도해수욕장 → 지미봉 밭길 → 지미봉 입구 → 지미봉 정상 → 지미봉 출구 → 종달항 → 종달해변쉼터 → 종달바당

제주
트레킹
어디까지
해봤니?

별 책 부 록

저는 지금까지 '트레킹'을 주제로 다양한 매거진에 글을 기고한 적이 몇 번 있습니다.(제주올레에서 기획한 수필공모에 당선되어 책에 글이 실리기도 했었습니다.)

그런 글들 중 몇 편을 별책부록에 담아 소개하고자 합니다.(글에 소개된 식당이나 관광지 정보가 지금과는 다소 다를 수 있습니다.)

> 별책부록 1

제주의 여름 음식

　개인적으로 여름에 겨우 하루 이틀 넘는 시간을 만들었을 때 갈 수 있는 최고의 휴양지로 제주도를 추천합니다.
　여름에 제주도 오셨을 때 많은 분들이 '어떤 음식을 먹을까?' 고민하게 되고, 대부분의 사람들은 유명하다는 맛집에 가서 적당히 선택하곤 합니다. 물론 사람마다 입맛이 달라서 모두에게 맞는 음식을 추천하는 것이 쉽지는 않습니다만 저의 경험을 바탕으로 여러분께 소개해 드리고자 합니다.

제주도하면 역시 한라산과 성산일출봉입니다. 한라산은 언제 가도 좋고, 성산일출봉은 아침에 해 뜰 때 가시면 더 좋은 것 같습니다.

　제주도 여름 음식으로 '자리물회, 한치물회, 전복죽, 보말죽, 말고기, 꿩고기' 등을 추천 드립니다. 어느 계절에 먹어도 맛있는 제주음식으로는 '돼지고기, 고기국수, 생선조림, 갈치, 고등어, 옥돔, 해물뚝배기, 토종닭, 몸국, 생선회' 등이 있습니다.

　여름에 제주도에 오시면 자리물회를 드시라고 먼저 추천 드립니다. 5월에서 8월에 많이 잡히는 자리돔을 뼈째 썰어서 물회로 드시면 정말 맛있습니다. 자리돔은 보통 손바닥보다 작은 크기의 제주도 대표적인 바닷고기로 칼슘과 인, 무기질이 풍부해서 영양만점입니다. 구이나 조림, 젓갈로도 많이 드십니다.

자리물회를 드실 때 요령(tip)이 하나 있는데 '재피(초피의 제주어)'를 함께 넣어 드시는 것입니다. 독특한 향이 나는 향신료인데 시원한 자리물회의 맛을 더욱 환상적으로 만들어 줍니다. 식당에 따라서는 재피를 달라고 해야 주는 곳도 있습니다.
　제가 자리물회를 맛있게 먹었던 식당은 제주시 연동(신제주, 공항에서 10분 거리)에 있는 **'유리네식당'**(제주시 연동 427-1, 064-748-0890)입니다. 이곳은 대한민국 100대 맛집으로도 선정이 될 정도로 어느 음식을 드셔도 맛있습니다. 한치물회도 맛있고, 생선조림도 맛있습니다. 식당에 가시면 유명인들의 싸인으로 도배되어 있습니다. 공항과도 가깝고 제 집과도 가까워서 육지에서 손님들이 오시면 제가 자주 갔었던 식당입니다.

공항에서 10분이면 도착하는 이곳은 모든 음식이 다 맛있습니다. 얼마 전 뉴질랜드에서 살고 있는 누이가 제주도로 놀러와서 함께 유리네식당에서 자리물회를 먹었더랬습니다.

두 번째 추천 드리고 싶은 음식은 돼지고기입니다. 대부분의 육지 분들은 제주도에 오시면 회를 먹어야 된다고 생각하십니다. 하지만 저는 제주도 음식으로 회보다는 돼지고기가 훨씬 낫다고 장담합니다. (제가 부산사람이고 전라도 고흥에서 2년간 근무를 했던지라 보장합니다.) 제주도 돼지고기는 맛있어도 너무 맛있습니다. 돔베고기도 맛있지만, 흑돼지를 생고기로 두툼하게 구워먹게 되면 맛이 살아있음을 혀로 느낄 수 있습니다. 정말정말 강력추천 드리니 제주도에 오시면 꼭 돼지고기를 드셔보세요.

제가 자주 가는 돼지고기 집은 '늘봄, 흑돈가, 돈사돈'입니다. 공항에서 10여 분 위치에 이 식당 3곳이 몰려있습니다. 식사시간에는 예약을 하지 않으면 1시간 이상은 기다려야 되는 곳이니 사전예약은 필수입니다.

손님들과 편하게 방에 앉아서 이야기를 나눠야 할 때는 **'늘봄'**(제주시 노형동 2343-3, 064-744-9001)을 예약합니다. 종업원만 100여 명에, 한 달 매출이 웬만한 중소병원보다 많을 정도로 규모가 커서 방에서 조용히 식사할 공간이 많습니다. 아이들을 동반한 손님들이 오시면 즐겨 갑니다.

'흑돈가'(제주시 노형동 1509, 064-747-0088)는 늘봄 맞은편에 있는데 돼지고기 맛도 손색이 없는 곳이고 사람들과 북적거리며 식사하는 것을 좋아하시는 분들에게 추천 드리고 싶은 곳입니다. (물론 사전에 예약을 하면 방도 이용 가능합니다.)

'돈사돈'(제주시 노형동 2470, 064-746-8989)은 돼지고기 맛으로

만 따지면 최고인 곳입니다. 연탄불을 이용하여 두툼한 생고기를 종업원들이 직접 모든 것을 알아서 구워주는 곳으로 너무나 인기가 좋아서 줄을 한참이나 설 각오를 하셔야 합니다. 식당이 크지 않고 연기가 많고 시끄럽고, 오래 앉아 있을 수 없다(기다리는 사람들의 눈치 때문에)는 단점은 있으나 맛이 모든 것을 뛰어넘게 해줍니다.

제주도에서 돼지고기를 드실 때 맛있게 먹는 방법은 '멜젓'에 찍어 드시는 겁니다. 멸치젓갈을 이용한 독특한 소스인데 기가 막힙니다. 식당마다 멜젓의 맛은 틀려서 돼지고기 맛도 다르게 느껴집니다.

그 외 돼지고기로 맛있는 곳은 돼지고기 모둠꼬치가 인상적인 '해오름식당', 마무리로 먹는 동치미 국수까지도 맛있는 '쉬는팡가든'입니다.

제주도 돼지고기는 공기 좋고, 물 좋은 곳에서 자라서인지 매우 맛있습니다. 두툼하게 나와서 어떻게 익나 처음에는 의심스럽지만 구워지고 나면 상상을 초월하는 맛을 느낄 수 있습니다. 돼지고기가 맛있다보니 고기국수도 맛있습니다.

세 번째로 소개해 드리고 싶은 제주도의 대표음식은 고기국수입니다. 고기국수는 제주도에서 잔치할 때 빼놓지 않는 음식인데 돼지 뼈와 살을 삶은 국물에 국수를 말고 두툼한 고기 고명을 얹습니다. 고기국수는 **'삼대국수회관'**(제주시 이도1동 1272-6, 064-759-6644)을 추천 드립니다. 제주민속자연사박물관 맞은편에 본점이 있고, 연동과 노형동에도 분점이 있습니다. 그 외 **'올레국수'**(제주시 연동 261-16, 064-742-7355)도 유명합니다.

제주도 여름 보양식으로 전복죽과 보말죽도 좋습니다. 해녀들이 직접 잡아서 만든 전복죽은 육지와는 차원이 다른 맛입니다. 해안도로를 달리다가 나타나는 허름한 해녀의 집에서 먹은 전복죽의 맛은 지금도 잊을 수가 없습니다. 바닷가 바위에 붙어사는 고둥류인 보말로 만든 보말죽은 전복죽과 함께 여름 대표 보양식으로 손색이 없습니다.

전복죽으로 제가 최고로 치는 곳은 **'시흥해녀의 집'**(서귀포시 성산읍 시흥리 12-64, 064-782-9230)입니다. 성산일출봉과 우도가 한눈에 들어오는 해안가에 위치해서 접근성과 전망도 좋습니다. 직접 해녀들이 운영하는 곳이라 믿음이 갈 뿐만 아니라 서비스 음식도 좋고 가격도 좋습니다.

마지막으로 여름 제주도 음식으로 추천 드리고 싶은 것은 토종닭 백숙입니다. 제주도 동쪽지역에서 제주시와 서귀포시의 중간쯤에 위치한 조천읍 교래리는 삼다수가 만들어지는 곳이자 토종닭으로 유명한 곳입니다. 여름 보양식으로 삼계탕이야 육지에서도 많이 먹는 음식이지만 이곳의 백숙은 쫄깃한 식감과 담백한 맛이 일품입니다. 청정자연 속에서 자라서 그런지, 물이 좋아서 그런지 교래리 토종닭은 어느 식당에 가도 맛있습니다.

그중 제가 가장 많이 간 곳은 **'성미가든'**(제주시 조천읍 교래리 532, 064-783-7092)입니다. 닭가슴살 샤브샤브, 닭똥집, 닭라면 등이 메인요리가 나오기 전에 서비스로 나와서 닭백숙이 나오기도 전에 배가 불러옵니다. 닭백숙도 맛있지만 뒤이어 나오는 녹두 닭죽도 환상적입니다. 가격 또한 비싸지 않아서 가족끼리 가면 더없이 좋습니다.

음식이야기를 하자니 내용이 길어졌습니다. 나머지는 제가 먹어본 맛있는 음식과 추천 드리고 싶은 식당을 간략히 소개하겠습니다.

협재해수욕장쪽으로 가시면 간짬뽕과 고추짬뽕이 맛있는 **'보영반점'**(제주시 한림읍 한림리 1305-16, 064-796-2042)에 들리세요. 제주도 3대 중화요리점 중 한곳입니다. 마라도 자장면보다 훨씬 낫습니다.

제주시에서 서쪽으로 이동하시면 애월읍에 있는 **'숙이네 보리빵'**(제주시 애월읍 애월리 1584-1, 064-799-1777)에 들르셔서 보리빵과 쑥빵을 간식으로 드셔보세요. 육지와 맛이 다르고 어릴 적 추억까지 덤으로 얻어 가십니다.

서귀포에서 회를 드시고 싶으시다면 **'쌍둥이 횟집'**(서귀포시 정방동 496-18, 064-762-0478)이 좋습니다. 너무나 유명해서 인파로 넘쳐나지만 셀 수 없이 나오는 음식으로 상도 넘쳐납니다. 다양한 해산물을 실컷 합리적인 가격으로 배불리 드실 수 있습니다.

자연먹거리를 좋아하시면 산채비빔밥이 맛있는 한라수목원 입구의 '연우네'를 추천 드립니다.

그 외에도 제주도에 오시면 맛있는 음식이 무지 많습니다. 제주에 꿩이 많아 꿩요리(꿩 샤브샤브, 꿩 메밀국수)도 많습니다. 싱싱한 제철 생선으로 조림을 한 생선조림도 맛있습니다. 모자반이라고도 불리는 몸(갈조류에 속한 해초)으로 만든 몸국도 제주도에서만 드실 수 있는 음식입니다. 재래시장에서 쉽게 맛볼 수 있는 빙떡을 드시는 것도 추억이 될 것입니다. 다른 육류보다 연하고 부드러우며 저지방 고단백 웰빙푸드인 말고기도 추천 드립니다.

아무쪼록 어렵게 시간 내서 제주도에 내려오셨을 때 환상적인 제주 음식들을 만끽하시기를 바랍니다.

제주도에는 360여 개가 넘는 오름이 있습니다. 작은 크기의 화산체인 오름은 아직 사람들에게 잘 알려지지 않아 찾는 사람이 많지 않기에 여유하게 외국 같은 제주의 자연을 만끽 할 수 있습니다.

별책부록 2

제주도! 어디까지 가보셨나요?

 제주 여행지 몇 군데를 소개해 드리고자 합니다. '진짜 제주'를 느낄 수 있는 곳들이며, 제주를 1~2번 다녀오시고 다음 제주여행을 계획하고 계신 분을 위해 추천 드리는 곳들입니다.

 제주도에서 많은 관광객들이 찾으시는 가장 유명한 곳은 (사람들 성향에 따라 다르겠지만) 성산일출봉, 우도, 중문 관광단지, 용두암, 천지연폭포, 정방폭포, 협재해수욕장, 한림공원, 마라도, 산굼부리, 만장

굴, 오설록, 사려니 숲길, 섭지코지, 여미지 식물원, 테디베어 박물관 등입니다. 하지만 저는 이러한 곳들은 주로 제주를 처음 오시는 관광객들이 1~2번 가볼 만한 곳이라고 생각합니다. 왜냐하면 그보다 더 멋지고 더 제주다운 곳들이 많기 때문입니다.

제주 동쪽 여행

제주도 동쪽 지역은 '오름'이 참으로 아름다운 곳입니다. 오름이라 하면 육지로 생각하면 낮은 뒷동산 같은 곳입니다. 10~20분 정도만 산책하듯 걸어 올라가면 기막힌 전망이 기다리고 있고, 가장 제주다운 풍광을 만끽할 수 있는 곳입니다.

　오름은 '작은 화산체'인데, 제주에는 368개의 오름이 있습니다. 저는 368개의 오름 중 110군데 정도 둘러 봤는데, 가는 곳마다 참으로 좋았습니다.

　가장 좋아하는 오름은 '따라비오름'입니다. (제주시 구좌읍 세화리 2593) 오름을 좋아하시는 많은 분들이 최고로 꼽는 곳 중 한 곳입니다. 하지만 아직 유명하지 않아 가는 교통편이 다소 불편하고, 인적이 드물어 혼자 가기는 조금 어려움이 있습니다.

　두 번째는 '용눈이오름'입니다. (제주시 구좌읍 종달리 산28) 용눈이오름은 이제 꽤나 유명해진 곳이지만, 아직까지는 제주자연의 순수함과 아름다움을 맛볼 수 있는 곳입니다. 특히나 일출시간에 가면 전망이 좋습니다. 사진작가인 김영갑 씨가 참으로 좋아했던 오름입니다. 용눈이오름에서 5분 거리에 있는 '아끈다랑쉬오름'에서 바라보는 용눈이오름의 모습도 좋으니 함께 둘러보시는 것도 좋습니다.

　세 번째는 세계자연유산센터가 있는 '거문오름'입니다. (제주시 조천읍 선교로 569-36) 거문오름은 자연해설사의 설명으로 제주를 알아 갈 수 있는 장점도 있습니다. 제게 귀한 지인들이 오시면 항상 방문하는

필수코스입니다. 다만 거문오름은 하루 입장객을 제한하고, 사전에 반드시 예약(문의전화 1800-2002)을 해야 하는 번거로움이 있습니다.

    그밖에도 제주 동쪽지역에서는 제가 가장 좋아하는 숲길인 '비자림', 요즘 젊은이들에게 핫한 장소인 '월정리해변', 제주도민들이 가장 즐겨 찾는 '절물자연휴양림', 사진을 보며 힐링하는 '김영갑갤러리 두모악'도 추천합니다.

제주 동쪽 맛집

- **성미가든** : 제주시 조천읍 교래리 532. T. 064-783-7092. 토종닭백숙. (예약을 안 받으며, 30분 이상 기다리는 경우가 많으니 번잡한 시간을 피해가시는 것이 좋습니다.)
- **시흥해녀의 집** : 서귀포시 성산읍 시흥리 12-64. T. 064-782-9230. 전복죽 등. (현지 해녀들이 직접 해 주시는 요리로 맛이 좋습니다.)
- **동복리해녀촌** : 제주시 구좌읍 동복리 1506. T. 064-783-5438. 회국수. (원조집이라 오래 기다려야 되는 경우가 많습니다.)

제주 서쪽 여행

제주도 서쪽은 아직까지 그리 유명한 곳들이 많지 않지만, 인적이 많지 않은 곳에서 사색하며 제주를 즐기기에는 좋은 곳이 많습니다.

제가 제주에 내려와서 가장 먼저 즐겼던 일이 '제주올레길'(총 거리 437km)을 완주하는 것이었는데, 제주올레길 중 참으로 좋은 곳이 서쪽에 많습니다. 가장 좋아하는 제주올레길 코스인 10코스(화순해수욕장~모슬포 하모체육공원)도 제주 서남쪽에 있습니다. 평균 15km인 제주올레길을 하루 종일 걸어보는 것도 좋지만, 저는 3~4km 정도 하이라이트 구간만 걸어보는 것을 추천 드립니다.

제가 지인들이 오시면 항상 가는 곳이 제주올레 10코스 중 '송악산'입니다. 산이라는 이름이 붙었지만, 5살 이상이면 누구나 부담 없이 걸을 수 있는 산책로입니다. 1박 2일 등 여러 매체에 소개되어 잘 아

시겠지만, 마라도까지 보이는 전망과 제주바람을 체감할 수 있는 곳입니다. 산책 데크길로 걷는 것뿐만 아니라, 송악산 분화구 정상(해발 104m)에도 꼭 한번 올라가시기를 권유 드립니다.

　제가 두 번째로 좋아하는 제주올레길 중 하이라이트 구간은 제주 올레 12코스 중 수월봉에서 용수포구까지 걷는 5.1km 구간입니다. 세계지질공원이기도 한 이 구간은 특히나 저녁 해 질 쯤 가시면 더욱 좋습니다. 노을을 배경으로 한 차귀도를 바라보고 있으면 근심걱정이 사라집니다.

　세 번째로 추천 드리고 싶은 곳은 '곶자왈'입니다. 곶자왈은 나무, 덩굴식물, 암석 등이 뒤섞여 수풀처럼 어수선하게 된 곳을 일컫는 제주도 방언인데, 제주도 곳곳에 곶자왈이 있습니다. (화장품 회사 광고로 나온 뒤 더욱 유명해졌습니다.) 제주서쪽에 좋은 곶자왈 지역이 많은데, 제주올레길 11코스의 후반부인 '무릉곶자왈'과 14-1코스 중반부인 '저지곶자왈'이 특히 좋습니다.

그밖에도 제주 서쪽 지역에서는 아이들과 자주 가는 '곽지과물해수욕장', 또 다른 제주를 만날 수 있는 '비양도', 들불축제로 더 유명한 '새별오름', 또 하나의 세계지질공원인 '용머리 해안'도 추천합니다.

제주 서쪽 맛집

- **보영반점** : 제주시 한림읍 한림리 1305-16. T. 064-796-2042. 간짬뽕과 고추짬뽕. (제주도 3대 중화요리점입니다.)
- **옥돔식당** : 서귀포시 대정읍 하모리 1067-23. T. 064-794-8833. 보말칼국수, 보말국. (보말은 제주도에서 고둥을 통칭하는 말입니다.)

제주 남쪽 여행

서귀포 중문 관광단지에는 참으로 많은 관광지와 박물관들이 있습니다. 하지만 다들 입장료가 비싸고, 개인적으로는 감동이 크지는 않았던 것 같습니다. 지인들이 오시면 제주 남쪽지역에서 제가 주로 추천하는 곳은 제주올레 7코스와 6코스, 그리고 한라산 영실코스입니다.

제주올레길은 27개 코스로 총 437km입니다. 전 코스를 완주하려면 작정하고 걷기만 해도 한 달 이상이 걸립니다. 우리나라 트레킹 열풍의 근원지로 워낙 유명해서 모르시는 분이 안 계시겠지만, 27개 모든 코스가 다 환상적인 것은 아닙니다. 그중 가장 인기가 많은 코스가 바로 7코스와 6코스입니다.

제주올레 7코스는 제주올레 여행자센터에서 월평까지로 17.6km이며, 5~6시간 정도 소요됩니다. 걷는 것에 취미가 없는 분들에게 7코스를 전부 걷는 것은 쉽지 않은 일이므로, 저는 7코스 시작점에서 중간 지점인 켄싱턴 호텔(구 풍림콘도)까지만 걷는 것을 추천 드립니다.

제주올레 6코스는 제가 좋아하는 제주올레길로 쇠소깍에서 제주올레 여행자센터까지 11km이며, 3~4시간 정도 소요됩니다. 제주올레길에 대한 자세한 설명은 제주올레 홈페이지(www.jejuolle.org)와 제

주올레 콜센터(064-762-2190)로 문의하시면 됩니다.

　한라산 영실코스는 5개의 한라산 코스 중 가장 많은 이들이 찾는 코스이며, 저 또한 7년간 35번의 한라산 산행 중 가장 많이 갔던 코스입니다. 거리도 짧아서(영실휴게소에서 윗세오름까지 3.7km) 2~3시간이면 윗세오름까지 올라갈 수 있습니다. (영실코스로는 백록담까지 올라갈 수는 없습니다.) 풍광도 좋고, 어린이부터 어르신까지 3대가 함께할 수 있는 코스입니다. (1.5km 정도는 다소 가파르지만 계단으로 올라가서 아주 힘들지는 않습니다.)

　그밖에도 제주 남쪽 지역에서 자주 가는 곳은 짧지만 좋은 산책로인 '큰엉', 비가 많이(산간에 70mm 이상) 온 다음날에만 볼 수 있는 '엉또폭포', 야영도 가능하고 휴양림으로도 좋은 '서귀포 자연휴양림' 등입니다.

제주 남쪽 맛집

- **쌍둥이횟집** : 서귀포시 정방동 496-18. T. 064-762-0478.
  회. (너무나 많은 음식 양에 놀라고, 너무나 많은 손님에 놀랍니다.)
- **덕성원** : 서귀포시 정방동 474. T. 064-732-3624.
  게짬뽕. (제주도 3대 중화요리점입니다.)

제주 북쪽 여행

　제주시내는 거의 대부분의 제주도민이 살고 있는 도시라서, 제주 자연의 참맛을 느낄 수 있는 곳이 드뭅니다. 제주 도착하는 날이나 떠나시는 날 여유시간이 있을 때 들러 볼 수 있는 곳을 알려드리자면 한라수목원, 제주도립 미술관, 도두봉, 사라봉 등입니다.

　한라수목원은 공항에서 15분 정도 거리에 있는 곳으로 가볍게 걸으며 이야기하기 좋은 곳입니다. (12년 전 저는 한라수목원을 걷다가 제주에서 살아야겠다고 결심을 하게 되었습니다.)

　제주도립 미술관은 한라수목원에서 5분만 더 한라산 방향으로 올라가면 있는, 작지만 느낌 있는 미술관입니다.

　도두봉은 공항 바로 옆에 있는 작은 오름으로, 바다가 보고 싶을 때 가족들과 종종 가는 곳입니다. 낮에는 제주시 일부(신제주)가 한눈에 들어오고, 밤에 올라가면 야경도 멋집니다.

　사라봉은 공항에서 25분 정도 떨어진 곳이지만, 제주(영주) 10경 '사봉 낙조'의 장소이자 제주도민들이 많이 찾는 산책코스입니다.

공항에서는 많이 떨어져 있지만 제가 제주 북쪽지역에서 정말 좋아하는 곳은 '어승생악'입니다. 한라산 등산코스인 어리목코스 주차장에서 20~30분 정도만 올라가면 되는, 제주에서 가장 큰 오름입니다. 저의 셋째가 5살일 때도 혼자 걸어갈 수 있을 정도로 어렵지 않은 코스인데, 정상에서 보면 장관입니다. 날씨가 좋을 때는 한라산과 제주시내뿐 아니라, 성산일출봉과 우도, 추자도까지 한눈에 들어옵니다. 일출장소로도 좋고, 어리목 안내소에서 신청하면 자연해설사와 함께 걸으며 아이들 자연공부도 할 수 있습니다.

제주 북쪽 맛집

- **유리네식당** : 제주시 연동 427-1. T. 064-748-0890. 자리물회 등. (대한민국 100대 맛집 선정. 제주도 대표적인 향토음식들을 다양하게 즐길 수 있습니다.)
- **늘봄** : 제주시 노형동 2343-3. T. 064-744-9001. 흑돼지. (직원만 100명이 넘는 대규모 음식점으로, 사전예약하시면 편합니다.)
- **삼대국수회관** : 제주시 이도1동 1272-6. T. 064-759-6644. 고기국수. (연동과 노형동에도 분점이 있고, 기다리지 않아도 되는 몇 안 되는 맛집입니다.)

제주는 참으로 좋은 곳이 많습니다. 7년 동안 살았지만 여러 번 가도 또 가고 싶은 곳들이 많습니다. 개인적으로 '제주도는 한두 번 가봤으니 다 봤다.'고 하지 않으셨으면 합니다.

한정된 지면 관계상 많은 곳을 소개해 드리지 못하고, 자세한 설명을 드리지 못해 아쉽습니다. (식당도 12곳만 추천드렸습니다. 식당은 개인마다 취향이 달라서 참고만 해 주셨으면 합니다.) 아무쪼록 귀한 시간에 오시는 제주여행에서 행복과 추억을 만끽하시기를 바랍니다. 감사드립니다.

> 별책부록 3

제주에서 7년 살아보니 어때?

　2011년 9월에 제주로 내려왔으니 제주에서 살게 된 지 올해로 7년이 되었다. 돌아보니 아무 연고도 없는 제주에서 살고 싶다는 나의 바람을 이해해 준 가족들에게 너무나도 감사한 마음이 든다. 처음 제주에 왔을 때, 많은 이들이 고비는 2~3년일 거라고 말했다. 육지 사람이 제주에 정착한다는 것이 말보다 쉬운 일이 아님을 봐왔기 때문일 것이다. 하지만 지금, 주위사람들은 또 내게 묻는다. "제주에서 7년 살아보니 어때?" 나는 웃으며 자신 있게 대답한다. "제주는 참으로 아름다운 곳"이라고. "당신이 만약 행복을 찾고 있다면 여기 제주에서 어렵지 않게 찾을 수 있을 것이 틀림없다."라고 말이다.

제주, 행복으로 물들다

　지난 7년간 제주를 참 신나게 즐겼다. 육지에서는 쉽게 하지 못했던 가족여행도 주말마다 쉽게 떠났다. 다른 이들은 1년에 한두 번 큰맘을 먹어야 올 수 있는 곳에 나는 매일 살고 있지 않은가! 또한 나 자신을 위한 시간도 어느 때보다 많이 가질 수 있었다. 가족들이 아침잠에 빠져 있는 주말 아침 3~4시간이면 한라산 영실코스도 다녀올 수 있었고, 오름 1~2개는 어렵지 않게 다녀올 수 있었기 때문이다.

클린올레(제주올레길을 청소하는 자원봉사 모임) 중 비양도를 배경으로 잠시 휴식 중.

　제주에서의 생활 중 가장 기억에 남고, 가장 먼저 했던 일은 '제주 올레 걷기'였다. 굳이 스페인 산티아고까지 가지 않아도 멋진 길을 걸으며 명상할 수 있는 곳이 제주에 있다. 제주올레길은 제주를 한 바퀴 도는 총거리 437km의 도보길이다. 27개의 코스를 여러 날로 나눠서 걸어 완주했지만, 몇 번을 가도 여전히 또 가고 싶은 명품 트레킹 코스이기도 하다. 혼자 걸을 때는 여러 가지 생각을 정리할 수 있어 좋고, 함께 걸을 때는 함께 이야기하며 그와 깊은 인간관계를 맺을 수 있게 되어 더욱 좋다.

　두 번째로 제주에서의 삶이 행복했던 것은 자연과 함께였기 때문이다. 15분만 차를 타고 나가도 드넓은 초지와 시원한 숲길을 즐길 수 있었다. 다양한 한라산 코스와 368개의 오름은 수십 번을 가도 항상 새로운 느낌과 만족감을 준다. 육지 손님들이 방문했을 때도 다들 하나같이 제주의 자연에 감동받는다.

세 번째로 제주에서의 삶은 가족들에게 커다란 행복을 가져다주었다. 가족과 함께 아침을 먹고, 아이들과 시간을 함께 저녁 시간을 보낸 덕분에 웃음이 떠나지 않는 가정이 되었다. 일에 쫓겨 여유롭게 이야기할 시간조차 없었던 나의 30대 중반의 삶과는 천지차이였다. '우리가 추구하는 행복이 이런 것이구나!'라는 생각을 제주에서 사는 7년 동안 참으로 많이 했다. 그러니 이제는 나보다 가족들이 제주를 더 좋아하게 되었으리라.

모구리 야영장에서 가족과 함께 즐거운 캠핑.

　제주의 삶에서 네 번째로 기억에 남는 것은 취미생활이다. 일만이 전부가 아닌 삶은 행복한 삶이었다. 42년을 살면서 그동안 마음으로만 해보고 싶었던 것들을 직접 시도해볼 수 있었던 시간이었다. 테니스를 배우고, 조금은 적은 부담으로 골프를 즐길 수 있었고, 한라산을 수십 번이나 올랐다. 요즘은 탁구를 배우고 있고, 앞으로는 수영도 해 볼 생각이다. 어느 글에서는 행복의 조건 중 하나가 취미생활이라고 했다. 일만이 전부가 아닌 삶은 우리에게 중요하다는 생각을 제주에서 자주 하게 된다.

제주 생활 7년의 다섯 번째 추억은 사람들이다. 제주올레길에는 좋은 사람들이 넘쳐났다. 제주올레 자원봉사 모임 총무와 부회장을 맡으며 향기 나는 사람들과 좋은 인연을 만들 수 있었던 것은 큰 행운이었다. 그리고 이 모든 행복한 제주생활이 가능했던 것은 모두 제주건협(한국건강관리협회 제주특별자치도지부) 덕분이리라. 좋은 사람들과 함께 일한다는 것은 참으로 행운이다. 너무나도 감사할 따름이다.

직장동료들과 취미생활.

제주사람들, 이보다 더 좋을 수 있을까!

　제주에 이주해 온 육지 분들께서 가장 먼저 겪는 어려움은 제주사람들에게서 느껴지는 약간의 배타적인 거부감이다. 하지만 나는 확신한다. 제주사람들은 그 어느 지역보다 정이 많고 마음이 착한 사람들이다. 조금만 마음을 열고 다가가면 더 많은 것을 나눠주는 여유가 그들에겐 있다. 시간이 조금 흘러 육지에서 내려온 우리가 그들에게 친구라는 것이 느껴지면, 그 누구보다 우리를 반겨 주리라는 것을 나는 확신한다.

　글을 마무리하며 내가 7년 동안 제주에서 살면서 생각하는 좋은 여행지와 추천 드리고 싶은 음식을 소개하고자 한다. 제주에는 숨은 보석 같은 곳이 많고, 맛있는 음식들이 많다. 부디 제주의 속살을 충분히 만끽하시길 바라본다.

1) 내가 꼽은 제주여행지 베스트 30

1. 비자림	2. 어승생악	3. 용눈이오름(일출)	4. 거문오름 해설
5. 송악산	6. 우도	7. 한라산 영실코스	8. 천지연 폭포
9. 애월한담 산책로	10. 절물자연휴양림	11. 박수기정(일몰)	12. 제주올레 7코스
13. 차귀도 낚시	14. 에코랜드	15. 만장굴 해설	16. 가파도 청보리축제
17. 엉또폭포	18. 협재해수욕장	19. 모구리 야영장	20. 새별오름 들불축제
21. 마방지 눈썰매	22. 두모악갤러리	23. 금오름	24. 제주올레 10코스
25. 따라비오름	26. 한라수목원	27. 지미봉	28. 제주올레 21코스
29. 다랑쉬오름	30. 한라산백록담		

2) 내가 꼽은 제주음식 베스트 10

1. 제주돼지 근고기	2. 고기국수	3. 자리물회	4. 교래리 닭백숙
5. 고등어회, 조림	6. 갈치회, 조림	7. 동복리 회국수	8. 오메기떡
9. 돔베고기	10. 쑥진빵		

진료실에서

별책부록 4

칼잡이 외과의사가 제주올레에 빠진 이유
(제주올레 수필공모 당선작)

'오늘은 뭐할까? 어제는 사려니 숲길을 걸었고, 그제는 한라산 백록담에 다녀왔으니 오늘은 그냥 집에서 쉴까? 아니야. 그래도 휴일에 혼자 있으면 심심하니 제주에서 유명하다는 올레길이나 가볼까?'

이런 생각으로 2011년 10월에 나는 처음으로 제주올레길을 접했다. 제주에 살고 싶어서 연고도 없는 제주에 직장만 구하고 내려와 처음으로 맞이한 휴일이었다. 셋째가 태어난 지 100일 될 때까지 가족들은 부산에 있는 처갓집에 있겠다고 했기에, 제주에 혼자 먼저 내려왔었다. 그렇게 처음으로 제주올레 7코스를 걸었다. 그리고 그 단 한 번의 경험은 날 완전히 제주올레에 빠져들게 만들었다. 아직도 제주올레길을 처음으로 걸었던 그날을 잊을 수가 없다. '수봉로'에서 조금 벗어난 조그마한 언덕에서 1시간 동안 바다를 바라보며 너무나도 많은 생각들을 했다. 아무도 없는 막막한 제주에서의 앞으로의 생활에 대해 한참을 고민했는데 제주바다는 '모든 것이 다 잘 될 거다.'는 답을 나에게 주었다.

나는 외과의사이다. 대학병원에서, 국립소록도병원에서, 국립암센터에서, 외과전문병원에서 10여 년간 수술을 본업으로 하던 소위 칼잡이다. 제주올레길에서 만난 많은 분들이 젊은 외과의사가 트레킹 마니아로, 제주올레 자원봉사자로 활동하는 것이 신기했는지 나에게 자주 질문을 한다.

"제주올레가 뭐가 그리 좋은가요?"

"제주올레는 저에게 제주생활에서의 첫 경험이자 여전히 변치 않는 첫사랑이지요. 처음에는 제주올레길을 혼자서 즐겼고, 제주올레길을 완주한 후에는 가족과 함께 걸었으며, 지금은 사람들과 함께 즐기고 있어요. 걷는 길이 주는 사색과 명상에 반해서 시작을 했고, 가족들과 함께 걸으며 한걸음, 한걸음 걷는 것의 행복을 누렸어요. 이제는 사람들과 함께 어울리고 나누는 기쁨이 더 크다는 것을 알기에 자원봉사를 통해서 제주올레를 즐기고 있어요."

나는 혼자 제주에서 지내는 3개월 동안 제주올레길을 시간 있을 때마다 걸었다. 부산에 올라가지 않는 주말마다 곶감 빼먹듯이 제주올레 코스 하나하나씩 걸으며 제주를 만끽했다. 제주올레길을 걸으면 아름다운 제주자연이 늘 함께했고, 이전에 내가 알고 있던 제주와는 다른 제주가 보였다. 6~8시간 동안 한없이 걷다 보면 지나간 일들을 되돌아보게 되고, 현재의 나와 미래의 나를 생각하게 된다. 주로 평지를 걷는 제주올레길은 힘들지도 않고, 오히려 사색하며 생각을 정리하는 데 더없이 좋았다.

그리고 그렇게 제주올레길을 혼자서 만끽한 후 가족들과 그 행복을 함께하고 싶었다. 그래서 셋째를 유모차에 태우고 또 제주올레길을 걸었다. 지금 생각해 보면 엄두가 안 날 일인데 그때는 자꾸 제주올레길에 가고 싶었다. 처음으로 온 가족이 함께 클린올레 활동을 했던 16코스, 유모차를 끌며 온 가족이 함께 개장식에 참석했던 21코스, 아이들과 함께 자전거 올레를 했던 4코스와 10-1코스와 20코스, 아이들과 전국체전 성화 봉송했던 16코스, 집 근처라 시간되면 자주 갔던 17코스, 그리고 가족과 함께 클린올레에 참석했던 많은 제주올레 코스들. 제주올레 27개 코스를 생각하면 가족과 함께 걸었던 추억들이 언제나 가장 먼저 떠오른다.

    7년 동안의 제주올레 경험 중 가장 기억에 남는 것은 결혼기념일에 아내와 처음으로 함께 걸었던 6코스이다. 우리는 8번째 결혼기념일 일주일 전 심하게 다투었는데 그날 6시간 동안 6코스를 걸으며 많은 이야기를 나누었다. 낯선 제주에 와서 힘들었던 이야기, 아이 셋을 키우느라 고생한 이야기, 연애할 때 이야기, 앞으로 살아갈 날들에 관한 이야기까지. 그렇게 길을 걸으며 이야기를 나누니 묵혀두었던 감정들이 터져 나왔고, 서로 이야기를 듣다 보니 자연스럽게 해결책을 찾을 수 있었다.

    올해 여덟 살이 되는 셋째는 그림을 그리면 아빠는 주로 파란색 옷을 입고 있다. 유모차를 탈 때부터 올레길을 접했기에 아빠의 옷을 제주올레 리본 색깔인 파란색으로 칠하는 것이다. 사진 찍을 때 외치는 구호도 "올레!"일 정도이다. 제주로 이사 왔을 때 세 살이었던 둘째는 가장 어린 올레꾼이었다. 아빠가 클린올레 갈 때 자주 같이 갔었기에 올레꾼들은 둘째의 성장을 고스란히 지켜본 산 증인이다. 얼마 전 클린올레를 하고 있는 아빠의 모습을 그림으로 그려 선물로 줬는데, 우리 가족은 그 그림을 보고 힌참이나 웃었다. 어찌나 쓰레기가 크고 많던지. 이제 중학교 1학년이 된 첫째는 올레에 아빠를 뺏겼다고 생각하곤 한다. 밉지 않게 올레를 질투를 하는 딸아이와 함께 올레길을 걸을 때면 참으로 행복하다. 그리고 제주 자연 덕분에 순수하게 커가는 아이들을 볼 때마다 제주올레가 참으로 고맙다.

    그렇게 가족들과 제주올레길을 즐기는 중 우연히 제주올레 사무국에서 진행하는 '제주올레 아카데미'라는 교육 프로그램에 2013년 7월 참석하게 되었다. 그리고 제주올레 아카데미 15기 총무를 맡았고, 그 다음해 '제주올레 아카데미 총동문회' 총무를 맡으면서 제주올레를 자원봉사자로 즐기게 되었다. 처음에는 혼자서 즐기다가 두 번째로 가족과 함께 즐겼고, 세 번째로는 사람들과 함께 봉사하면서 제주올레를 즐기게 된 것이다. 자원봉사자로 활동하면서 제주올레를 즐기는 분들 중에는 좋은 사람들이 많다는 것을 알게 되고, 그 분들을 통해 내가 참으로 많은 것들을 깨닫게 되었다.

    클린올레에 오시는 분들은 다들 즐거운 표정으로 올레길의 쓰레기를 줍는 자원봉사를 하시는데, 힘든 청소일임에도 제주올레길을 통해 받은 고마움을 봉사를 통해 갚는다 생각하면 저절로 미소 짓게 된다고 말씀하신다. 한두 번의 참석이 아니고 몇 년째 변치 않고 클린올레에 참석하시는 분들을 뵈면서 나는 큰 깨달음을 얻었다. 그리고 매일 진행되는 '아카자봉 함께 걷기' 프로그램에 한 달에 2~3번씩 어떠한 보상도 없이, 시간과 자비를 들여 자원봉사하시는 분들을 뵐 때도 많이 배운다. 그분들은 많은 희생으로 자원봉사를 하심에도 불구하고, 오히려 본인들이 더 많은 것을 얻어간다고 하신다. 참으로 존경스러운 분들이시다.

    제주올레는 나의 제주정착에 가장 큰 도움을 준 존재이다. 나는 제주올레를 통해 많은 분들을 알게 되어 큰 도움을 받았다. 그리고 지금도 제주에서 살고 싶은 이유 중 하나이다. 그래서 제주에 살려고 이주하시는 분들께는 특히 제주올레를 권유 드린다. 아마 제주에 빠르게 정착하는 데 큰 도움이 될 것이다.

그리고 제주를 제대로 알고 싶은 분들께도 제주올레를 권유 드린다. 걸으면서 제주를 보면 완전히 다른 세상이 보인다. 숨겨진 진짜 제주자연과 제주사람들의 진짜 삶을 엿볼 수 있을 것이다.

또한 자신을 성찰하고, 가족과 함께 추억과 행복을 만들고 싶은 분께도 제주올레를 권하고 싶다. 나는 제주올레길을 걸으며 나를 뒤돌아보며 반성과 다짐을 할 수 있었고, 가족들과 걸으며 무수히 많은 행복한 추억을 만들었다.

그리고 마지막으로 자원봉사로 지역사회에 기여하고 싶은 분들께도 제주올레를 고려해보라고 말씀 드린다. 나 또한 그동안 제주올레와 올레꾼들에게 받은 사랑을 다 되돌려줄 수는 없겠지만 앞으로 자원봉사를 통해 다른 올레꾼들에게 조금이나마 나눠드릴 생각이다.

이러한 이유들로 내가 7년째 연애중인 제주올레와의 사랑은 아무리 생각해도 앞으로 70년은 지속될 것 같다.

> 별책부록 5

히말라야, 안나푸르나를 걷다.

🗺 히말라야, 20년을 기다리다.

　히말라야를 가고 싶다는 생각은 오래전부터였다. 한창 등산을 즐기던 스무 살 때 언젠가는 가고 싶다고 농담처럼 이야기하던 곳이었다. 대학을 졸업하고 긴 병원생활을 마치고, 결혼을 하고, 아이들 세 명과 행복한 생활을 보내느라 히말라야를 한동안 잊고 살았었다. 그렇게 20여 년이 지나고 난 드디어 히말라야를 밟았다.

생각보다 히말라야는 힘들지 않았다. 영화 '히말라야' 때문인지 힘들 거라고 막연히 믿고 있었는데, 눈보라 치고 사람 목숨이 위태로운 상황이 벌어지는 그런 곳이 아니었다. 선입견으로 가지고 있던 히말라야는 정상까지 가는 전문산악인들의 몫이었고, 내가 걸었던 길은 걷는 것을 좋아한다면 누구나 가능한 트레킹 길이었다.

제주올레길+한라산둘레길+한라산등반

오르막이 3.5일, 내리막이 1.5일이었다. 해발고도 4,130m의 안나푸르나 베이스캠프(ABC, annapurna base camp)까지 가는 길은 주말 등산을 자주 즐길 정도라면 어렵지 않은 길이었다. 처음에는 제주올레길 걷듯이, 중반에는 한라산둘레길 걷듯이, 마지막은 한라산 정상 등반하는 느낌이었다.

첫날 네팔의 수도인 '카드만두'에 저녁에 도착하여 1박 한다. 둘째 날 국내선 항공으로 ABC 트레킹의 출발지역인 '포카라'로 이동 후 한나절 걷고 롯지(우리나라로 치면 산장)에서 숙박한다. 3일째 10km 걷고, 4일째 11km를 걷는다. 5일째 5시간쯤 걸어 목적지인 ABC에 도착한다. 6일째는 하산길을 18km 걷고, 7일째 역시 하산길을 한나절 걸어 트레킹을 마무리한다.

겨울이지만 사계절을 느끼는 코스

　네팔 트레킹에 대한 가장 큰 오해는 겨울에 추울 거라는 것이다. 하지만 전체 일정중 이틀 정도만 눈길이었다. 트레킹 첫날은 봄 날씨였고, 둘째 날은 여름 날씨였다. 셋째 날은 가을복장이었고, 3,000m 가 넘어가는 넷째 날과 다섯째 날만 겨울날씨였다. 3,000m 이상 지역에서도 눈은 대부분 오후에 오고 오전에 맑아서 걷는 동안은 춥지 않았다. 가장 눈이 많이 온다는 1월말과 2월초에 다녀왔으니 언제 가도 이보다 더 춥지는 않을 것이다.

　여름에는 비가 많이 오고, 겨울에 오히려 히말라야 전망이 좋아 설산이 더 멋지다고 하니 춥다고 걱정하지 말고, 네팔 트레킹은 겨울에 가는 것이 좋을 듯하다.

누구나 가능한 걷기 좋은 길

내가 히말라야에 간다고 했을 때 주위 사람들은 나보고 '살아 돌아오라.'고 했다. 무모한 도전을 한다는 뉘앙스로 이야기하시기도 했다. 하지만 모두가 기우였다. 적어도 히말라야의 ABC까지의 트레킹은 누구나 가능한 걷기 좋은 길이었다. 7살 여자아이도 잘 걷고, 65세 어르신도 즐기면서 걷고 있었다. 약간의 비용을 지불하면 '포터'들이 짐을 옮겨 주었기에 나는 가벼운 가방만 메고 걸을 수 있었다. 곳곳에 많은 롯지가 있어 식사와 숙박과 화장실을 편하게 이용할 수 있었다.

다만 문제가 되는 것은 3,000m 이상의 고도에서 오는 고소증 때문에 고생하시는 분이 10명 중 1명 정도 있다는 것이다. 하지만 이 역시 급하게 오르지만 않는다면, 약간의 두통약만 먹는다면 극복되는 문제였다.

걷는다는 것은 생각한다는 것

　히말라야 트레킹도 역시 걸으며 사색하는 길이었다. 제주에 정착한 7년 동안 제주올레길과 한라산을 오르며 느꼈던 걷는 즐거움을 ABC 트레킹을 하는 6일 동안 만끽할 수 있었다.

　8,000m가 넘는 '안나푸르나'의 아름다운 풍광을 보며, 세계 3대 미봉이라는 '마차푸차레'의 웅장함을 보며, 오롯이 흙길만을 걸으며, 밤에는 수많은 별들을 바라보며 많은 생각들을 할 수 있었다. 지나온 나의 인생을 뒤돌아보고, 앞으로의 나의 삶을 계획하며, 반성과 다짐으로 소중한 시간들을 채워갔다.

　때로는 함께 걷는 이들과 대화를 통해 배우기도 했다. 그들과 저녁에 롯지에서 모든 것을 내려놓고 솔직하게 이야기한 것이 내게 큰 도움이 되었다.

사랑하는 사람과 다시 가고 싶은 곳

 7박 9일의 일정을 마무리하며 다음에는 사랑하는 이와 함께 가고 싶다는 생각을 많이 했다. 세상에서 가장 아름다운 설산을 바라보며, 세상에서 가장 많은 별들과 이야기하며, 세상에서 가장 멋있는 길을 걸으며 함께 추억을 만들고 싶다는 생각을 여러 번 했었다.
 20살 때 인도여행이 나의 삶의 전환점이 되었듯 이번 히말라야 안나푸르나 트레킹이 나의 또 하나의 터닝 포인트가 될 듯하다.

추신》수많은 네팔 트레킹 여행 상품 중 '혜초 여행사' 상품을 이용할 것을 강력 추천합니다. 오랜 경험에서 오는 훌륭한 프로그램과 수시로 감동을 주는 많은 이벤트들이 탁월한 선택이었음을 느끼게 해 줄 것입니다. 네팔로 트레킹을 가신다면 꼭 혜초 여행사를 이용하세요.

별책부록 6

나의 산티아고

'트레킹은 명상입니다.'

그 길에서 답을 찾고 싶었습니다. 살아가는 동안 자주 고민이라는 것을 하지만 이번 기회에 전 인생의 전체적인 그림을 그리고 싶었습니다. 산티아고에 오기 오래전부터 진로고민을 계속 해오던 저였기에 이번 여행에서 확실한 답을 찾고 싶었습니다. 그리고 산티아고 순례길 여정을 마친 지금 전 충분히 만족하고 있습니다.

　이번 여행일정은 10일이었지만 산티아고 순례길을 걷는 것은 실제로는 5일이었습니다. 스페인까지의 이동시간과 접근성을 고려해서 사리아부터 산티아고 데 콤포스텔라까지 117km를 걸었습니다. 산티아고 순례길을 완주하는 791km를 걷는 이들에게는 짧은 거리였지만 일주일 휴가내기도 힘든 저에게는 충분히 긴 거리였습니다. 그리고 주관적이지만 5일간의 트레킹은 고민의 답을 찾는데 적잖이 도움이 되었습니다.

　산티아고 순례길은 최고의 길이었습니다. 800km에 달하는 긴 코스중 원하는 코스를 마음껏 선택해서 걸을 수 있고, 숙박비가 하루에 13000원 가량(알베르게 1인 기준)으로 저렴하며, 식료품 등의 물가가 저렴했습니다. 그리고 전 세계의 다양한 사람들과 만나서 이야기할 수 있고, 원한다면 사람들로부터 철저히 떨어져서 혼자서도 걸을 수 있는 안전한 길이었습니다.

　무엇보다 마음에 드는 것은 '길' 그 자체였습니다. 숲길과 흙길이 대부분이었고, 아스팔트길은 매우 짧았습니다. 오랜 시간동안 정비되어 온 산티아고 순례길은 세계 최고의 명품 트레킹 코스였습니다.

저는 5일간 수면시간을 제외하고는 오롯이 사색하고 대화하며 시간을 보냈습니다. 너무나 많이 웃었고, '너무 좋다.'는 감탄사를 하루에도 15번 이상 외쳤습니다.

117km의 여정에서 제가 꼽는 최고의 명장면은 첫 표지석을 발견했을 때입니다. 그토록 기다리던 산티아고 순례길을 걷게 된 첫날의 감격은 평생 잊을 수가 없을 것입니다. 수년간 꿈꿔왔던 꿈이 실현되었기에 그 순간은 제게 최고였습니다.

그리고 표지석에 0km라고 표시된 묵시아에서의 느낌도 좋았습니다. 0km를 남들은 'END'라고 말했지만 저에게는 'START'이었습니다. 산티아고 순례길을 걸은 덕분에 제 고민이 해결되고 다시 새롭게 출발하는 느낌이 들었기 때문입니다.

그리고 산티아고 대성당이 멀리 내려다보이는 언덕에 있던 순례자 동상과 걷는 동안 중간 중간 쉬었던 장소들도 뇌리에 깊이 남았습니다.

어쩔 수 없이 7월말에 여행을 왔기에 날씨 걱정이 많았는데 신의 가호 덕분인지 덥지 않게 걸었습니다. 운이 좋게도 이틀 동안은 살짝 비가 내릴 정도로 구름이 많아 걷기에 안성맞춤이었습니다. 산티아고 순례길 자체가 숲길이 많아서 더웠더라도 걷기에 지장이 없을 정도였습니다.

일정을 마치고 귀국하면서 저는 가족들을 많이 생각했습니다. 길을 걸으면서 사랑하는 가족들의 소중함을 또다시 많이 느꼈기 때문입니다. 더 치열하게 가족들과 행복해야겠다는 다짐과 항상 건강하게 웃으면서 인생을 즐겨야겠다는 다짐도 했습니다. 그리고 기회가 되면 가족들과 순례길을 걸었으면 하는 바램도 가져보았습니다.

대부분의 사람들은 산티아고 순례길을 한 달 이상 시간을 내서 오는 트레킹 코스라고들 생각하십니다. 하지만 일주일만 시간을 내도 충분히 산티아고 순례길을 만끽할 수 있습니다. 그리고 약간의 지출만 더 한다면 짐을 숙소까지 보내주는 서비스를 이용하여 편하게 걸을 수 있습니다. 시간을 많이 못내는 분들도, 체력이 자신 없는 이들도 충분히 만끽할 수 있는 명품 트레킹 코스인 것입니다. 정말이지 이 길을 추천 드리고 싶습니다.

별책부록 7
내가 좋아하는 트레킹

'트레킹은 저의 로망입니다.'

저에게는 트레킹은 최고의 취미입니다. 그리고 저는 트레킹만큼 좋은 취미는 이 세상에 없다고 생각합니다. 개인적인 생각입니다만 저에게 트레킹은 '명상'입니다. 전 고민이 있을 때는 주로 걷습니다. 걷다 보면 생각이 정리되기 때문입니다. 걷다 보면 중요하지 않은 것들은 사라지고, 중요한 것만 남게 됩니다. 그리고 그 생각에만 집중하게 됩니다. 그렇게 걷다 보면 진정 내가 원하는 것이 무엇인지 알게 됩니다. 진짜로 내가 하고 싶은 것이 무엇인지를 걷다 보면 알게 되는 것입니다. 그래서 걷다 보면 '앞으로 이렇게 해야겠구나.'라고 생각을 정리하게 됩니다.

저는 대학교를 입학하기 전 겨울 방학 때 고등학교 친구들과 지리산 산행으로 처음 트레킹에 입문했습니다. 대학교 입학으로 인해 전국으로 뿔뿔이 흩어질 절친들과 함께 고등학생으로서 마지막 추억을 만들기 위해서였습니다. 그렇게 트레킹에 눈을 뜨고 난 뒤 대학교 시절 열심히 우리나라 곳곳의 국립공원들을 돌아다녔습니다. 그때는 산을 가는 것만이 트레킹의 전부라고 생각했었습니다. 그런 생각은 제주올레를 접하고부터 변했습니다.

지금도 저는 시간이 되면 자주 걷습니다. 일주일에 3번 이상 집 앞에 있는 하천길(수원 팔색길)을 걷습니다. 주말에는 아이들과 종종 근교로 트레킹을 갑니다. 하루 이틀 시간이 나면 '이번에는 또 어디로 걸으러 갈까?'하고 항상 고민합니다.

소소하게는 많은 트레킹 경험이 있습니다만 제게 가장 인상적이었던 5곳의 트레킹 코스를 소개할까 합니다. 물론 전문 트레커에 비하면 경험이 많이 부족합니다. 지금까지 쉬지 않고 공부를 해야 했고, 지금도 생계를 위해 노동을 하고 있으며, 결혼을 한 후 아빠와 가장으로서의 역할을 충실히 수행하느라 가고 싶었던 곳을 다 가보지는 못했습니다. 그럼에도 불구하고 나름 열심히 걸었다고 자부하기에 여러분께 저의 경험을 공유하고자 합니다.

1. 히말라야 ABC(안나푸르나 베이스캠프) 트레킹

2017년 2월을 전 잊을 수가 없습니다. 지금까지 제 인생에서 최고의 장소에 다녀왔기 때문입니다. 해발 4,130m의 안나푸르나 베이스캠프에 도착했을 때의 희열을 지금도 잊을 수가 없습니다.

히말라야에 가야겠다고 이야기했을 때 많은 사람들은 말렸습니다. '그렇게 위험한 곳을 왜 가냐?'고 하면서 말이죠. 하지만 전 꼭 가보고 싶었습니다. 대학교 시절 절친들과 전국의 유명한 산들을 여행하면서 꼭 한번 가보자고 다짐했던 곳이었습니다. 다들 바쁜 일정 때문에 친구들과 함께하지 못했지만 전 스무 살 때의 목표를 달성하고 싶었습니다.

생각보다 히말라야 트레킹은 힘들지 않았습니다. 안나푸르나 정상까지 가는 것이 아니라 베이스캠프까지만 가는 코스였기 때문입니다. 물론 해발고도가 4,000m가 넘어서 고산병 증상이 조금 왔지만 크게 문제되지 않았습니다.

제가 히말라야 ABC 트레킹에서 얻는 가장 큰 교훈은 '한 걸음씩 걸으면 결국에는 도착한다.'는 단순한 진리였습니다. 히말라야에 도착하는 방법은 간단했습니다. 그냥 한 걸음씩 내딛는 것이었습니다. 그리고 '한 걸음씩'이라는 진리는 인생에서도 통한다는 것을 알게 되었습니다.

2. 제주올레길

　　제주올레길은 너무나 유명하여 모르시는 분이 없으리라 생각됩니다. 제주올레길은 제주에 있는 우리나라 대표적인 트레킹 코스입니다. 제가 이 길을 처음 걸은 것은 2011년 11월이었습니다. 국립암센터에서 전임의를 마치고, 부산에서 봉직의로서의 첫 번째 병원을 다니다가 제주로 병원을 옮기고 나서였습니다. 가족들과의 시간을 더 많이 보내기 위한 제주행이었고, 개인적으로도 더 많은 힐링시간을 가질 수 있었습니다. 물론 제주올레길을 통해서였습니다.

　　제주올레길은 제주를 한 바퀴 도는 코스로 총 437km입니다. 저는 제주에 거주했기에 여러 번 나눠서 걸을 수 있었습니다. 저의 첫 제주올레길 완주는 혼자였습니다. 무작정 그냥 시간될 때마다 혼자서 걸었습니다. 제주에도 많은 트레킹 동호회가 있었지만 제가 동호회 일정을 맞추는 것이 어려웠습니다. 세 아이의 아빠로서 주말에는 가족과 함께 보내고 싶어 주로 새벽시간에 많이 걸었기 때문입니다.

　　제주올레길을 첫 번째로 완주한 후 사단법인 '제주올레'에서 자원봉사를 했는데, 제주올레길을 청소하는 모임(클린올레)에 참석하기도 하고, 제주올레길을 처음 걷는 분들을 위한 무료 가이드 봉사(아카자봉 함께 걷기)를 하면서 걷다 보니 제주올레길을 4번이나 완주하게 되었습니다.

　제가 제주올레길을 걸으면서 깨달은 교훈은 '함께 가야 더 즐겁다.' 는 것입니다. 혼자도 좋지만 함께하는 것이 더 행복했습니다. 내가 아는 지식과 내가 가진 것을 나눌 수 있을 때 행복은 더 쉽게 찾아왔습니다.

3. 스페인 산티아고 순례길

　산티아고 순례길은 2019년 7월에 다녀왔습니다. 총 거리는 791km이지만 시간상의 제약으로 모두 걸을 수는 없었습니다. 바쁜 와중에 겨우 시간을 내서 5일 동안 117km를 걸었지만 매우 즐거운 시간이었습니다. 개인적으로는 가장 걷고 싶었던 길이었기에 만족감은 역대 최고였습니다.

산티아고 순례길은 종교적인 목적으로 처음 만들어졌지만 요즘은 트레킹 자체만을 위해서도 많은 분들이 가십니다. 전 세계에서 많은 사람들이 오는데 최근에는 한국에도 많이 알려져서 많은 한국분들을 만나 뵐 수 있었습니다. 거리상의 한계에도 불구하고 산티아고 순례길에 한국인들이 전 세계에서 6번째로 많이 온다고 합니다.

산티아고 순례길은 길이 좋았습니다. 아주 오래전부터 많은 이들이 즐겨 찾던 길이었기에 정비가 잘 되어 있었고, 많은 숙소와 다양한 이용시설을 갖추고 있었습니다. 2~3km마다 많은 숙소와 레스토랑이 있어 원하는 대로 일정을 정할 수 있었습니다. 심지어 물가도 저렴했습니다. 숙박비가 하루에 13,000원(알베르게 1인 기준)이고, 레스토랑에서의 커피 한잔의 가격도 1,500원 정도였습니다. 짐을 다음 숙소까지 보내주는 서비스도 4,000원 정도면 이용할 수 있어 편하게 길을 걸을 수 있었습니다.

제가 산티아고 순례길 트레킹을 통해 알게 된 교훈은 '최고는 다르다.'입니다. 그리고 저 또한 명품 의사가 되어야겠다고 다짐한 시간이기도 했습니다.

4. 일본 북알프스 트레킹

　일본 북알프스 트레킹은 저의 첫 번째 해외트레킹이었습니다. 2016년 10월에 지인에게 소개받은 '혜초 여행사'를 통해 편하게 일본의 대표적인 트레킹 코스를 다녀왔습니다. 그 전에도 일본은 여러 번 다녀왔었는데 일본의 북알프스 코스는 제가 알던 일본과 전혀 다른 모습이었습니다.

　여행사를 통한 4일간의 짧은 여행이었기에 편하게 다녀왔습니다. 식사도 좋았고, 온천도 좋았지만 가장 기억에 남는 것은 산장에서의 숙박이었습니다. 트레커에게만 허락된 산속의 야경은 환상적이었습니다. 그리고 일본인들의 산에서의 배려심도 인상적이었습니다. 상대방이 지나가면 가던 길을 멈추고 상대가 편하게 지나갈 수 있게 배려해주는 행동은 저에게 문화 충격이었습니다.
　패키지여행이었기에 15명 남짓이 함께 했는데 다양한 분들의 삶을 엿볼 수 있는 기회였다는 것도 보너스였습니다. 중소기업 사장님들의 산행모임에서 단체로 참석했었는데 인생 선배님들로부터 좋은 이야기를 많이 들을 수 있어 특히 좋았습니다.

　제가 일본 북알프스 트레킹을 통해 알게 된 교훈은 '껍질을 깨면 더 많이 보인다.'는 것입니다. 처음으로 외국 트레킹을 가는 것은 다소 용기가 필요했는데 혼자서도 얼마든지 가능했고, 그러한 시도 덕분에 전 한 단계 더 성장할 수 있었습니다. 이 여행을 다녀오고 나서부터는 인생에서의 도전도 그리 망설이지 않게 되었습니다.

5. 홍콩 트레킹

　　홍콩에도 좋은 트레킹 코스가 있다는 사실은 제가 잘 몰랐었던 사실이었습니다. 제주올레길을 좋아하시는 지인의 소개로 알게 된 홍콩 트레킹을 결국 2018년 1월에 제주올레에서 자원봉사하시는 분들을 40여 분 모시고 다녀왔습니다.

　　생각보다 홍콩 트레킹은 좋았습니다. 홍콩 야경과 디즈니랜드와 먹을거리로만 알고 있던 홍콩에 그토록 좋은 트레킹 코스가 있을 줄은 몰랐습니다. 정말 기대 이상이었습니다. 다양한 코스가 있었고, 난이도 또한 다양했습니다. 사람들에게 잘 알려진 '드레곤 백' 코스도 좋았지만 4일 동안 걸었던 모든 코스가 좋았습니다.

물론 홍콩 트레킹이 특별히 좋았던 이유는 함께했던 사람들 덕분일 것입니다. 제주올레에서 자원봉사를 몸소 실천하시는 분들과 함께 했기에 여행하는 동안 줄곧 즐거웠습니다. 서로를 배려하고, 서로를 존중하는 모습이 매번 감동이었습니다.

제가 홍콩 트레킹에서 얻은 가장 큰 수확은 사람일 것입니다. '좋은 사람들과 함께하면 행복해진다.'는 진리도 다시금 깨달았습니다. 그리고 나 또한 좋은 사람이 되어야겠다는 다짐도 했습니다.

히말라야, 제주올레, 산티아고, 일본 북알프스, 홍콩에서의 트레킹도 좋았지만 그 외 제가 가본 곳 중에서 스위스 알프스, 대만 천리길, 울릉도, 부산 갈맷길도 좋았습니다.
하지만 요즘 제가 가장 좋아하는 길은 수원 '팔색길'입니다. 여러 번의 트레킹에서 알게 된 사실이지만 '파랑새는 항상 가까이에' 있기에 지금 저에게 최고의 트레킹 코스는 제가 지금 살고 있는 수원에 있는 트레킹 코스입니다.

제주 트레킹 어디까지 해봤니?

1판 1쇄 인쇄 | 2022년 9월 10일
1판 1쇄 발행 | 2022년 9월 10일

저　자 | 이성근

펴낸이 | 페이지원 단행본팀
펴낸곳 | 페이지원
주　소 | 서울시 성동구 성수이로 18길31
전　화 | 02-462-0400
E-mail | thepinkribbon@naver.com

ISBN 979-11-979213-2-2

값 18,000원

이 책은 저작권법에 따라 의해 보호를 받는 저작물이므로
어떠한 형태로든 무단 전재와 무단 복제를 금합니다.
잘못된 책은 바꾸어 드립니다.